LES DERNIERS JOURS

DE LA

MARINE A RAMES

L'auteur et les éditeurs déclarent réserver leurs droits de traduction et de reproduction à l'étranger.

Ce volume a été déposé au ministère de l'intérieur (section de la librairie) en octobre 1885.

PARIS. — TYPOGRAPHIE DE E. PLON, NOURRIT ET Cie, RUE GARANCIÈRE, 8.

LES DERNIERS JOURS

DE LA

MARINE A RAMES

PAR LE VICE-AMIRAL

JURIEN DE LA GRAVIÈRE

MEMBRE DE L'INSTITUT

OUVRAGE ENRICHI DE NOMBREUSES GRAVURES

PARIS

LIBRAIRIE PLON

E. PLON, NOURRIT et Cⁱᵉ, IMPRIMEURS-ÉDITEURS

RUE GARANCIÈRE, 10

1885

Tous droits réservés

LES DERNIERS JOURS
DE LA
MARINE A RAMES

CHAPITRE PREMIER.

LES CHIOURMES ENCHAINÉES.

Nous calomnions trop notre époque : elle a sans doute ses mauvais côtés; il faut bien avouer cependant que la masse du genre humain ne gagnerait rien à retourner de deux ou trois siècles en arrière. Pour le marin surtout le progrès a été sensible. L'abolition des châtiments corporels, en dépouillant le commandement de sa brutalité, a rendu celui qui le subit moins brutal et moins grossier lui-même : le cheval qu'on bat devient facilement rétif. Ce n'est pourtant pas à bord des naves et des galions qu'apparaît dans toute sa naïveté féroce l'horreur d'une discipline qui a résisté, — tant est grande la force de l'habitude, — à bien des assauts. Là du moins, on est tenu de compter avec l'intelligence de l'homme ; il ne faut pas, par de trop durs traitements, le comprimer au point de n'en faire qu'une machine inerte : sur les bâtiments à rames on n'a besoin que des bras de la chiourme ; il s'agit de porter l'action musculaire à son paroxysme. On l'obtient à l'aide du bâton : hideux spectacle qui fut donné au monde pendant trois cents ans.

Accompagnant son mari à Marseille, lorsqu'il fut envoyé gouverner la Provence, madame de Grignan eut l'occasion d'y visiter une des galères du Roi. Tout étourdie encore « du bruit des canons et du *hou* des galériens [1] », elle s'empressa de faire part de ses impressions à sa mère : nous ne possédons malheureusement que la réponse de madame de Sévigné. « Je serais fort aise, écrivait la spirituelle marquise, de voir cette sorte d'enfer [2]. » Des hommes « gémissant jour et nuit sous la pesanteur de leur chaîne », cela, en effet, ne se voit pas partout. Même au dix-septième siècle, il fallait, pour

---

[1] Don Quichotte, accompagné de son fidèle écuyer, monte à bord de la galère du comte de Elda ; toute la chiourme le salue de trois acclamations : Hou ! hou ! hou ! « Tel est l'usage, fait observer Cervantes, quand une personne de distinction entre dans la galère ! »

[2] Voyez, dans la *Revue des Deux Mondes* du 1er septembre 1884, les *Lettres de madame de Grignan, de 1671 à 1677*, par M. Paul JANET.

donner à ses yeux ce curieux régal, avoir le courage d'entreprendre, malgré les fureurs du Rhône, le lointain et périlleux voyage du Midi.

L'équipement d'un navire de guerre, et plus particulièrement encore l'équipement d'un navire à rames, fut, de tout temps, chose trop dispendieuse pour que l'État pût attendre sur ce point le concours de la marine marchande. Dans la Méditerranée, au seizième siècle, aucun prince n'entretenait de vaisseaux ronds; ceux mêmes dont les États confinaient à l'Océan en possédaient à peine un nombre suffisant pour leurs besoins. Les naves et les galions des marchands complétaient invariablement toute expédition qui avait quelque débarquement pour objet. L'ordre était incontinent donné de mettre dans tous les ports, dans les ports mêmes des puissances alliées, l'embargo sur les navires de commerce dont on croyait pouvoir utiliser les services. On en payait le nolis, on donnait une solde convenable aux patrons : en même temps, pour que ces navires ne pussent partir à la dérobée, on prenait soin de leur enlever leurs voiles et leur gouvernail. Ce fut ainsi que Scipion passa en Afrique : il mit en réquisition toute la flotte marchande de la Sicile. Le prince d'Orange et le duc d'Albe n'agirent pas autrement en Zélande ; les Français, au temps de Philippe le Bel, leur avaient donné l'exemple en Normandie. Ainsi donc, on a toujours su, on saura toujours se procurer des vaisseaux de transport ; il faut, au contraire, se pourvoir à l'avance de navires de combat.

Au mois de septembre de l'année 1691, un conseil de construction fut tenu à Marseille, par M. le bailly de Noailles, lieutenant général des galères du Roi : ce conseil comprenait, outre le bailly de Noailles, M. de Montmort, intendant général des galères, M. le bailly de Bethomas, premier chef d'escadre, M. le bailly de La Bretèche, M. de Montaulieu, M. de Vinieurs, tous les trois chefs d'escadre, M. le chevalier de Rancé et M. le chevalier de La Pailleterie, capitaines de galère. Les sieurs Jean-Baptiste Chabert, premier constructeur, Louis Chabert et Hubacq, présentèrent leurs mémoires ; le conseil, après les avoir entendus, fixa ainsi qu'il suit les principales proportions des galères : longueur du capion de poupe au capion de proue, — autrement dit, de l'étrave à l'étambot, — $46^m,777$; largeur, $5^m,847$; creux, $2^m,328$; longueur des rames, douze mètres.

La longueur de toute l'œuvre morte, si l'on y

comprend l'éperon et les ornements de poupe, atteignait ainsi, au dix-septième siècle, sur les galères ordinaires, cinquante-cinq mètres environ. C'est, à peu de chose près, la longueur d'un ancien vaisseau de soixante-quatorze canons. Les frégates qui ont fait toutes les guerres du premier empire n'étaient longues que de quarante-sept mètres. Mais le rapport de la longueur à la largeur est loin d'être le même dans la marine à voiles et dans la marine à rames : pour largeur, on donne à un vaisseau le quart à peu près de sa longueur ; la galère est au moins cinq fois plus longue que large. La différence sera plus grande encore si l'on considère le creux des deux navires : le vaisseau possède une vaste cale ; la galère ne mesure guère plus de deux mètres entre le dessous de son pont et le dessus de sa quille. En d'autres termes, l'un est, suivant l'expression consacrée, un vaisseau rond ; l'autre est un vaisseau long. Le premier prend, par suite de l'élévation de sa coque au-dessus de l'eau, le nom générique de bâtiment de haut bord ; la galère est un bâtiment de bas bord. Représentons-nous donc la galère du seizième siècle et du dix-septième siècle comme un navire essentiellement léger d'échantillon, bas de bord, long et effilé, portant un équipage de quatre cents hommes environ, deux mois de vivres et vingt-trois tonneaux de lest, armé d'un canon de 36, de deux canons de 8 et de deux canons de 4, sans compter douze pierriers plantés sur la lisse du plat-bord, un navire mû par cinquante rames et d'un tirant d'eau qui ne dépassera guère un mètre.

Argo, « la nef à voix humaine », devait parler grec. D'origine italienne, la galère moderne garda la langue du pays qui fut son berceau ; si elle eût, comme Argo, été douée de la faculté de se faire entendre, les naves et les galions ne l'auraient pas comprise. La marine à voiles et la marine à rames ont eu de tout temps un vocabulaire distinct ; au seizième siècle, elles possédaient à peine un terme technique qui leur fût commun. Dans les mers du Ponant, on disait le gouvernail ; dans les mers du Levant, le *timon*. La barre s'appelait l'*ourgeau* ; le bâton de pavillon, l'*aste de bandière* ; l'habitacle, la *gigeole* ou la *custode* ; le mât d'artimon, l'*arbre de misaine* ; le grand mât, l'*arbre de mestre* ; le mât de misaine, l'*arbre de trinquet* ; le mât de hune, l'*arbre de gabie* ; le cabestan, l'*argue* ; le pont, la *couverte* ; la poulaine, la *serpe* ; l'étrave, le *capion de proue* ; l'étambot, le *capion*

Galère du seizième siècle.

Page 6.

de poupe; la quille, la *carène;* la cárlingue, la *contre-carène;* le bordage, les *rombeaux;* les varangues, les *madiers;* les allonges, les *estamenaires;* la hune, la *couffe;* les caps de mouton, les *bigotes;* les courbes, les *brasseaux* ou *courbatons;* le fond de cale, l'*estive;* le creux, le *pontal;* les sabords, les *portels;* l'écubier, l'*œil;* la cuisine, le *fougon;* la chaloupe, le *caïcq;* les haubans, les *sartis;* les balancines, les *mantilles;* les cargues, les *ambrouilles;* le câble, la *gume;* le grelin, la *gumenette;* la tournevire, le *caupplan;* les racages, les *paternos* ou *vettes;* les estropes, les *griselles;* les rabans, les *matafions;* les garans, les *drisses;* les caliornes, les *tailles;* les itagues, les *amans;* les poulies, les *poulèges;* l'ancre, le *fer;* la patte de l'ancre, la *marre de l'ancre;* le vireveau, l'*arganeau;* la bouée, le *gaviteau;* la sonde, l'*escandaille;* la pompe, la *trombe;* le goudron, le *guitran;* la braie, la *pègue;* le gabarit, le *garbe;* le vestibule de la poupe, l'*espalle;* la grand'rue qui séparait les deux rangées de bancs, la *coursie;* le gaillard d'avant, la *conille;* la plate-forme où se posait le fauteuil du capitaine, le *tabernacle;* l'ensemble des rames, la *palamante.* Le maître devenait le *nocher;* le contre-maître, le *gardien;* les quartiers-maîtres étaient des *caps de garde;* le charpentier, le *maître de hache;* les matelots, les *mariniers;* le tonnelier, le *boutare* ou le *barillat;* le fabricant de rames, le *rémolat...* On ne commandait pas à bord de la galère pour se rapprocher du lit du vent : « Loffe! » on disait : « Orse! » Si l'on voulait, au contraire, mettre plus de vent dans la voile, on ne criait pas, comme à bord de nos vaisseaux : « Laisse arriver! » on disait, s'adressant au timonier : « Pouge! » *Colume la gume!* signifiait : File le câble! *donner fonde,* mouiller; *prendre le bord,* virer de bord; *férir les voiles,* les enverguer ou les serrer; *déférir les voiles,* les larguer. *Salper* devait s'entendre : lever l'ancre; *arborer* et *désarborer,* mâter et démâter; au lieu de faire le quart, on faisait la *garde;* sonder, c'était *escandailler;* pointer la carte, *carteger.* Les mots fameux de tribord et bâbord se trouvaient remplacés par *dextre* et *sénestre,* quelquefois par *bande droite* et *bande gauche;* on n'épissait pas, on *entouillait.* Les noms mêmes des vents étaient méconnaissables. Quel rapport, en effet, pouvait-il y avoir entre le nord et la *tramontane,* le nord-est et le *grec,* le sud-est et le *siroc,* le sud et le *mijour,* le sud-est et le *lebeche,* le nord-ouest et le *mistral?* Tout au plus l'est et l'ouest se laissaient-ils reconnaître dans les désignations de *levant* et de *ponant*.

« Ceux qui entrent pour la première fois dans une galère, écrivait, en 1713, Barras de la Penne, — troisième capitaine d'un corps où il fut admis par ordre du Roi en sortant de page, et dans lequel il servait depuis quarante ans, — sont surpris d'y voir tant de monde. Il y a, en effet, en Europe, une infinité de villages qui ne renferment pas un aussi grand nombre d'habitants. Mais ce qui cause encore plus d'étonnement, c'est d'y trouver tant d'hommes rassemblés en un si petit espace. Il est vrai que la plupart n'ont pas la liberté de se coucher tout de leur long : on met sept hommes dans chaque banc, c'est-à-dire dans un espace d'environ quatre pieds de large sur dix de longueur ; on voit de même à proue trente matelots qui n'ont pour tout logement que le plan des *rambades,* — deux carrés de dix pieds de long sur huit de large. De poupe à proue, on n'aperçoit que des têtes. Le capitaine et les officiers ne sont guère mieux logés : ils ont pour tout refuge la poupe, qu'on serait tenté, vu sa grandeur, de comparer au tonneau de Diogène. Lorsque l'impitoyable mer de Libye surprend les galères par le travers des plages romaines, quand l'impétueux aquilon les vient assaillir au large ou que le golfe du Lion les livre à l'humide vent de Syrie, tout s'accorde à faire de la galère moderne un enfer. Les lamentations lugubres de l'équipage, les cris effroyables des matelots, les hurlements horribles de la chiourme, les gémissements des charpentes mêlés au bruit des chaînes et aux rugissements de la tempête produisent dans les cœurs les plus intrépides un sentiment de terreur. La pluie, la grêle, les éclairs, accompagnement habituel de ces violentes tourmentes, la vague qui couvre le pont de ses embruns, ajoutent à l'horreur de la situation. Bien qu'on ne soit pas généralement très-dévot en galère, vous voyez alors des gens prier Dieu, d'autres se vouer à tous les saints ; quelques-uns même, en dépit de l'agitation du navire, essayent de faire autour du bord et sur la coursie des pèlerinages : ils feraient bien mieux de ne pas oublier Dieu et ses saints aussitôt que le danger est passé. Le calme lui-même a aussi ses inconvénients : les mauvaises odeurs sont alors si fortes qu'on ne peut s'en garantir, malgré le tabac dont on est obligé de se bourrer le nez depuis le matin jusqu'au soir. Il y a toujours en galère certaines petites bêtes qui font le supplice de ses habitants.

Les mouches exercent leur empire le jour, les punaises la nuit; les puces et les poux, la nuit et le jour. Quelques précautions que l'on prenne, on ne saurait réussir à s'en garantir; cette affreuse vermine ne respecte pas même les cardinaux, les ambassadeurs ou les têtes couronnées. »

C'est aux souverains français, au roi Charles VI ou au roi Charles VII, qu'on a voulu faire remonter la création des chiourmes entièrement composées de captifs et de criminels. Ne semble-t-il pas cependant plus probable que cette odieuse coutume soit venue en droite ligne des mers du Levant? Les Turcs et les chevaliers de Rhodes se faisaient une guerre sans merci : je les soupçonne fort de ne pas avoir hésité à mettre la rame aux mains de leurs prisonniers. Toujours est-il que, bien avant la fin du quinzième siècle, une révolution complète s'est accomplie à bord des galères : c'est une nouvelle phase qui commence. « Roger, disait don Pedro III à son amiral Roger de Lauria, quand il l'envoyait combattre la flotte de Philippe le Hardi, mouillée dans la baie de Rosas, l'expérience a dû te montrer combien il est facile aux Catalans et aux Siciliens de triompher, dans les combats de mer, des Provençaux et des Français. » De quel droit le roi d'Aragon parlait-il alors des marins français? Jusqu'au jour où le roi Charles VII se proposa d'avoir, en même temps qu'une armée permanente, une marine nationale, les rois de France n'armèrent pas de galères; ils en louèrent à ceux qui en possédaient. Chiourmes, archers, hommes d'armes, tout leur était fourni à la fois. Enfin, le 10 décembre 1481, la Provence se trouve réunie à la couronne de France par la donation de René d'Anjou : « Nous n'avions eu jusque-là dans la Méditerranée des ports que par emprunt; nous y pûmes fonder des établissements. » Palamède de Forbin, marquis de Solins et vice-roi de Provence, prend à la fois le titre de général des galères de France et d'amiral des mers du Levant : à dater de ce jour, on peut dire qu'il existe réellement une marine française. L'avénement de cette grande marine, qui a eu ses jours d'épreuves et ses années de gloire, coïncide avec la transformation des bâtiments à rames, avec la transformation surtout de leurs équipages.

Condamné en 1701 à servir sur les galères de France, en sa qualité de protestant, Jean Marteille de Bergerac est mort en 1777, à Culenborg, dans la Gueldre, à l'âge de quatre-vingt-quinze ans : il fallait vraiment qu'il eût suivant une expression vulgaire, qui ne paraîtra pourtant pas ici hors de propos) *l'âme chevillée dans le corps.* — « Tous les forçats, dit-il, sont enchaînés six par banc. Les bancs sont espacés de quatre pieds et couverts d'un sac bourré de laine, sur lequel est jetée une basane qui descend jusque sur la banquette ou marchepied. Le comite, qui est le maître de la chiourme, se tient debout à l'arrière, près du capitaine, pour recevoir ses ordres. Deux sous-comites sont : l'un au milieu, l'autre près de la proue. Chacun d'eux est armé d'un fouet qu'il exerce sur le corps tout à fait nu des esclaves. Lorsque le capitaine ordonne que l'on nage, le comite donne le signal avec un sifflet d'argent qu'il porte suspendu à son cou. Ce signal est répété par les sous-comites, et aussitôt les esclaves battent l'eau tous ensemble : on dirait que les cinquante rames n'en font qu'une. Imaginez six hommes enchaînés à un banc, nus comme s'ils venaient de naître, un pied sur la pédague, l'autre levé et placé sur le banc qui est devant eux, tenant dans les mains une rame d'un poids énorme, allongeant leurs corps vers l'arrière de la galère et les bras étendus pour pousser la rame au-dessus du dos de ceux qui sont devant eux et qui prennent la même attitude : les rames ainsi avancées, ils lèvent le bout qu'ils tiennent en main pour plonger le bout opposé dans la mer. Cela fait, ils se jettent eux-mêmes en arrière et retombent sur le siége, qui ploie en les recevant. Quelquefois le galérien rame ainsi dix, douze et même vingt heures de suite sans le moindre relâche. Le comite, en cette occasion, ou d'autres mariniers, mettent dans la bouche des pauvres rameurs un morceau de pain trempé dans du vin pour prévenir la défaillance. Alors le capitaine crie au comite de redoubler ses coups. Si un des esclaves tombe pâmé sur son aviron (ce qui arrive fréquemment), il est fouetté jusqu'à ce qu'il soit tenu pour mort, puis on le jette à la mer sans cérémonie. »

Ne serons-nous pas, en lisant cette effroyable page écrite par un auteur qui pouvait dire, comme les anciens martyrs : *Quod vidimus testamur,* de l'avis de Sancho Pança? Nous voici bien véritablement en pays enchanté. Les enchantements, ce sont les choses qui se passent ici, et non celles dont le célèbre hidalgo, don Quichotte de la Manche, entretient si souvent son écuyer. « Qu'ont donc fait, se disait Sancho, ces malheureux, pour qu'on les fouette avec tant de rigueur? Et comment cet homme qui se promène, le sifflet à la bouche, se hasarde-t-il à frapper à lui seul tant de monde? Ceci doit être l'enfer, ou tout au moins le purgatoire. » Pour l'honneur de l'humanité, nous devons espérer que Jean Marteille exagère. L'intérêt du capitaine, fût-il le plus grossier et le plus cruel des hommes, lui conseillait trop bien de ménager sa chiourme pour qu'il en vînt, sans une nécessité pressante, à de telles extrémités. Je ne vois que la poursuite de quelque corsaire barbaresque qui ait pu donner au fouet de l'argousin une telle férocité.

« Un signal au fort de Monjuich! » crie, du haut de la penne, le marinier de garde. Le fort vient de signaler, en effet, un navire à rames près de la côte, dans la direction du ponant. Le général, — car nous sommes à bord de la galère de don Luis Coloma, comte de Elda et commandant des galères catalanes à l'époque où l'empereur Charles-Quint vint visiter le port de Barcelone, — le général ne fait qu'un bond du *tabernacle* à la *coursie*. « Çà, enfants, s'écrie-t-il, que ce bâtiment ne nous échappe pas! Ce doit être quelque brigantin d'Alger. » — « *Sarpez le fer!* » commande à son tour le comite, et il commence, avec sa courbache, à émoucher les épaules de la chiourme. La galère prend peu à peu le large. Bientôt on peut, du pont de

la *capitane,* reconnaître la force du navire signalé :
c'est un bâtiment à rames de quatorze ou quinze
bancs. Les gens du brigantin ne se sont pas, de
leur côté, mépris sur le caractère et sur les inten-
tions du vaisseau espagnol. Ils comptent sur la
légèreté de leur navire pour s'échapper. Malheureusement, ils ont affaire à forte partie : la capitane
est un des navires les plus rapides qui aient jamais
flotté sur les mers; elle gagne le corsaire main sur
main. Le raïz incline à la soumission : il voudrait
qu'on laissât sur-le-champ courir les rames et qu'on
n'irritât pas à plaisir le commandant de la galère
chrétienne. La capitane arrive enfin à portée de
voix du brigantin. « Rendez-vous! » crient les Espagnols. Malheureusement, deux *thérakis,* — c'est
ainsi qu'on appelle dans le Levant les gens qui ont
l'habitude de s'enivrer avec le *haschich,* — deux
thérakis, disons-nous, qui se trouvaient à bord avec
douze autres Turcs, ont déchargé sans ordre leurs
arquebuses. Deux soldats de la capitane tombent
mortellement frappés sur la rambade. Le général,
furieux, donne l'ordre d'aborder : le comite, en exécutant cette manœuvre, a mal calculé son élan; le
brigantin, au lieu de rester accroché, se dérobe et
passe sous la palamante. La galère espagnole est

obligée de décrire un grand cercle pour revenir sur ses pas; le corsaire, pendant ce temps, arbore rapidement son arbre, hisse la mestre et s'éloigne, faisant force de voiles et de rames. Toute cette activité ne le sauvera pas. La capitane l'a bientôt rejoint; cette fois le comite règle mieux sa vitesse. Il élonge l'Algérien bord à bord et jette sur le pont ennemi sa palamante. Les corsaires se trouvent pris vivants, comme dans un filet.

Voilà ce que j'appelle écrire en marin. Je retrouve ici Aristophane, Xénophon, Thucydide; Michel Cervantes sait, aussi bien que le meilleur des canotiers athéniens, comment on manœuvre à bord d'une galère : il en a lui-même habité le *courroir*, il en a défendu les *rambades,* et il revient mutilé de Lépante, « où il a perdu le mouvement de la main gauche pour la gloire de la main droite ». Relisez donc, comme je viens de le faire, le chapitre qui retrace en traits ineffaçables *lo mal que le avinó à Sancho Panza con la visita de las galeras,* vous comprendrez mieux comment toute la grandeur de Charles-Quint ne suffisait pas alors à défendre les rivages de la Catalogne, de Murcie, de Valence, des insultes des pirates barbaresques. Une ceinture de tours, aujourd'hui à demi ruinées, atteste encore dans quelles inquiétudes constantes vivaient, à la fin du seizième siècle, les populations du littoral méditerranéen. Les corsaires d'Alger venaient défier le maître des Flandres, le dominateur de l'Italie et des Indes jusqu'à l'entrée des ports où il tenait sa cour. Sans le roi Charles X et ses hardis ministres, le duc de Polignac, le général de Bourmont, M. d'Haussez, la Méditerranée ne serait pas aujourd'hui plus tranquille. La conquête de l'Algérie a été un incomparable service rendu à l'humanité : honneur immortel à ceux qui l'ont accomplie! Gloire et encouragement à ceux qui en poursuivront les conséquences! Je me suis toujours déclaré partisan résolu de l'Afrique française, — de la France africaine, devrais-je dire : ce magnifique établissement est, suivant moi, la plus belle œuvre du dix-neuvième siècle.

CHAPITRE II.

RECRUTEMENT DES CHIOURMES AU SEIZIÈME ET AU DIX-
SEPTIÈME SIÈCLE.

« De gros salaires, fait observer avec raison le capitaine de la *Santa Lucia,* dans le remarquable ouvrage qu'il publia en l'année 1614, sous ce titre : *l'Armata navale,* peuvent procurer à une galère des soldats et des marins, mais il est difficile de persuader à des hommes libres de manier une rame et de se résigner à la servitude d'une chaîne, à la bastonnade, à toutes les souffrances d'un galérien. Si la stupidité de certains vagabonds, si les vices les plus abjects ne les déterminaient à se vendre eux-mêmes, on peut croire qu'on ne trouverait jamais un homme qui voulût spontanément se soumettre à une vie aussi misérable. On ne peut donc rassembler une bonne chiourme sans beaucoup d'industrie. Il est même nécessaire d'y employer certains moyens non usités en d'autres circonstances, et que condamneront peut-être ceux qui, mesurant mal les périls publics, s'abandonnent aux scrupules d'une conscience par trop délicate. Quand les chrétiens exposent leur fortune et leur vie sur les flottes qui vont combattre les ennemis de notre foi, n'est-il pas juste que l'on contraigne à en faire autant des scélérats perturbateurs du repos commun, et qui sont trop heureux que le châtiment qu'on leur impose fasse servir leurs fatigues au profit de l'État? »

Chaque siècle a sa conscience : la conscience du dix-septième siècle n'était pas la nôtre, et nous ne serions pas justes si nous prétendions juger avec nos idées actuelles les procédés violents qui obtenaient alors l'approbation sans réserve des meilleurs esprits. « Le premier moyen de se procurer les chiourmes nécessaires, continue le capitaine Pantero Pantera, est de prescrire aux juges d'expédier avec diligence les causes criminelles, de commuer en outre les peines corporelles, celle du dernier supplice aussi bien que la mutilation d'un membre, les amendes mêmes, en un certain temps de service sur les galères, temps naturellement proportionné à la gravité de la faute. Ceux qui auront mérité la peine capitale seront condamnés à la chaîne perpétuelle; ceux qui devraient payer une somme d'argent quelconque et qui, par la noblesse de leur sang ou par leur impotence, ne seraient pas aptes au service de la rame, seront tenus d'acheter, pour les remplacer, autant d'esclaves, ou bien d'entretenir autant de rameurs libres, — de *buonevoglie*, — que le comporteront leur qualité ou leurs crimes. Le prince expédiera en même temps les ordres les plus rigoureux dans toutes ses villes, dans tous ses châteaux, dans tous ses domaines, pour que, sous un court délai de quelques jours, tous les vagabonds aient quitté ses États, à peine d'être condamnés, si on les y rencontre encore, ce délai expiré, à servir comme rameurs sur les galères royales. Il enverra des hommes d'un caractère ferme et sévère veiller à l'exécution de cette ordonnance. Ces délégués trouvent-ils quelque vagabond sans moyens d'existence connus, ou qui, ayant un métier, ne l'exerce pas, quelque misérable qui ne soit le serviteur de personne; peuvent-ils mettre la main sur un de ces êtres sans aveu, que l'on désigne à Naples sous le nom de *coltellatore*, — donneur de coups de poignard, — de *smargiasso*, — tueur de gens, — espèce d'hommes oisifs, joueurs, blasphémateurs, insolents, qui ne portent l'épée que pour molester, injurier, menacer, brutaliser les personnes paisibles, ils ne perdent pas leur temps à lui faire son procès; ils le font saisir à l'instant même et mettre incontinent à la chaine. Par ces mesures sommaires, le prince obtiendra un double avantage : il acquerra de bons galériens et rendra en même temps à ses États un service signalé en les purgeant de toutes ces immondices. Qu'il n'hésite pas à traiter de la même façon les fourbes, les fripons, les fainéants, les fous, les possédés, les soldats revenus de la guerre qui s'en vont dans les rues demander l'aumône, et qui passent le reste de leur temps dans les hôtelleries, à jouer, à voler, sans crainte du jugement de Dieu, au grand scandale de ceux qu'ils rendent témoins de leur perversité, au plus grand détriment encore des véritables pauvres, qu'ils rendent suspects. Contre tous ces gens-là, monstres plutôt qu'hommes, un bon prince ne craindra pas d'exercer son autorité pour le bénéfice de la chose publique; il les fera d'abord incarcérer; puis visiter par les médecins et par quelques personnes au fait du métier de la mer. Tous ceux qui seront en état de manier la rame, on les enverra sur les galères. Le prince pourvoira ainsi d'une manière licite à ses besoins; il soustraira, en outre, par sa résolution vigoureuse, ces malheureux trafiquants de pauvreté au danger qu'ils courent journellement de perdre leur âme; peut-être même, en leur faisant honte de leurs erreurs, finira-t-il par les ramener à une meilleure vie. »

La *presse,* si longtemps usitée en Angleterre pour le recrutement des équipages, cette arme de guerre dont un acte du Parlement pourrait encore, dans un urgent besoin, munir les officiers de la couronne, différait-elle beaucoup par ses procédés du régime violent préconisé avec tant de ferveur par le capitaine Pantero Pantera? « C'est horrible, mais c'est bon », disait en 1839 le commodore Napier. Il existait cependant, de l'aveu du capitaine Pantero Pantera lui-même, des moyens moins violents, moyens plus coûteux peut-être, presque aussi efficaces en revanche que la *presse,* pour assurer, au seizième siècle, le service du prince. On pouvait, par exemple, faire ouvrir des maisons de jeu dans toutes les villes du royaume, particulièrement dans celles qui étaient situées sur le bord de la mer. « C'est ainsi, nous apprend le commandant des galères du Pape, qu'on en use à Naples, à Gênes et en Sicile. Le prince envoie ensuite des hommes adroits et de bonnes manières qui, simplement et sans encourager pour cela aucune fraude, prêtent de l'argent à quiconque veut tenter la fortune. Les joueurs malheureux acquitteront leur dette en s'engageant comme *buonevoglie*. Plus d'un jeune homme vain et irréfléchi se laisse séduire par la facilité de l'emprunt. Pour peu que le sort lui soit contraire, il faudra bien qu'il se résigne à se laisser attacher la chaîne au pied et à voguer jusqu'à ce qu'il ait payé ce qu'il doit. Voilà une merveilleuse manière de faire des galériens : tout se passe sans violence, et les victimes vont d'elles-mêmes donner dans le panneau. » Je ne sais trop pourquoi cette façon merveilleuse de recruter les chiourmes, qui sourit tant au capitaine Pantero Pantera, me choque plus que l'autre. Il y a là comme un détournement de mineurs que nos lois puniraient sévèrement aujourd'hui. Je préférerais, s'il me fallait choisir, me rallier au troisième et dernier moyen que nous indique le savant triérarque. « On expédie, dit-il, une division de galères bien armées, et on l'envoie en course débarquer dans les îles. Le grand-duc de Toscane ne s'y prend pas autrement : il a tant d'esclaves qu'il en peut au besoin prêter aux autres princes. »

Comprenons bien ce que le capitaine italien veut

dire : quand il parle d'îles, ce n'est pas aux îles d'Hyères ou aux îles de Lérins, à la Corse ou à la Sardaigne, à l'île d'Elbe ou à toute autre possession chrétienne qu'il en veut; c'est sur les iles turques qu'il recommande d'envoyer enlever des esclaves. Seulement, ces esclaves, qu'on emmènera pour les mettre à la chaîne, ce ne seront pas des Turcs, ce seront des Grecs. En 1570, le sénateur Zanne, général de la flotte vénitienne, ne remplaça pas autrement les rameurs qu'il avait perdus. Il détacha, pendant qu'il hivernait dans les ports de Candie, le provéditeur Marco Quirini avec une division de choix vers les îles de l'Archipel. Marco Quirini s'acquitta de sa mission avec une activité et un zèle qui lui méritèrent les éloges du sénat : il est vrai que les Grecs des Cyclades se souviennent encore de son passage.

Nos rois furent plus honnêtes que les doges et les amiraux de Venise : ils ne volèrent pas les esclaves, ils les achetèrent. Un Turc se payait au dix-septième siècle de 400 à 450 livres, argent comptant.

« Ces esclaves, disait-on alors, sont extrêmement vigoureux, très-endurcis à la fatigue, fort grands, infiniment plus propres pour cette raison que les forçats à servir d'espaliers et de vogue-avants. » C'est très-probablement des galères du roi Louis XIV que nous est venu le proverbe : « Fort comme un Turc. » Le Grand Seigneur, malheureusement, finit par apprendre l'indigne usage que le Roi Très-Chrétien, son allié, faisait des priviléges dont les Français, depuis le temps de François I*er*, jouissaient dans l'empire ottoman. Il prit fort mal la chose, et M. le marquis de Villeneuve, qui se trouvait alors ambassadeur de France à Constantinople, fut menacé par le grand vizir d'être envoyé aux Sept-Tours. Il fallut pour pacifier le sultan que le Roi s'engageât à donner la liberté à tous les Turcs « qui étaient de la dépendance de la Porte ». On n'acheta plus, à partir de ce moment, sur le marché de Constantinople, que des Russes ; on se pourvut ailleurs de nègres de Guinée, d'Iroquois ou de Barbaresques. Le consul de Malaga envoya, en 1751, à Toulon onze Candiotes : les Candiotes étaient pourtant sujets de la république de Venise.

Le sultan se souciait peu du sort des Barbaresques ; malheureusement les Barbaresques étaient loin de valoir les Turcs. Nos capitaines les tenaient généralement, s'il faut en croire un document conservé dans nos archives, « pour les plus grands fripons de l'univers ». Or, la friponnerie était un vice particulièrement odieux à bord des galères, car elle nuisait à la cordialité des rapports entre les divers bancs de la chiourme. « Il serait de toute nécessité, écrivait le capitaine Barras de La Penne, de continuer à punir de la bastonnade le vol qui a lieu de camarade à camarade; c'est ainsi qu'on maintiendra la franchise entre les forçats. La confiance mutuelle était autrefois si grande que la plupart des galériens laissaient leur argent sur les fonds des barils à eau. » Le capitaine Pantero Pantera portait un siècle plus tôt le même jugement sur les futurs sujets de l'Afrique française : « Les Barbaresques, dit-il, sont tellement arrogants, de caractère bestial, traîtres, séditieux, qu'il les faut surveiller de près : ils sont gens à pousser les choses jusqu'à tuer leurs maîtres. » Sans être aussi sévère sur le compte des Barbaresques que le capitaine Pantero Pantera ou le capitaine Barras de La Penne, je suis forcé d'avouer que les mousses algériens qui furent embarqués sur l'escadre de la Méditerranée pendant que je la commandais, se montrèrent sous plus d'un rapport, notamment sous le rapport de la propreté, de la docilité et de la droiture, bien inférieurs aux mousses cochinchinois qui faisaient en même temps qu'eux leur apprentissage de marins sur nos vaisseaux.

On ne trouvait pas seulement des Barbaresques sur les brigantins, les fustes, les galiotes, les galères de course dont nos capitaines parvenaient quelquefois à s'emparer, on y rencontrait aussi des Maures. Les Maures étaient les esclaves de choix du capitaine Pantero Pantera : « Nous les avons tout rompus, dit-il, aux souffrances de la mer et à la fatigue de la rame. Les Turcs sont sans doute plus dociles ; nous ne saurions tirer d'eux le même parti. Quand nous les prenons à terre ou sur des bâtiments à voiles carrées, nous n'embarquons que des marchands ou des passagers habitués à toutes les commodités dont on jouit à terre. » Et les nègres ? Que pense de ces recrues, faciles du moins à se procurer, le capitaine Pantero Pantera ? « Les nègres, dit-il, ce sont les pires de tous : la plupart se laissent mourir de mélancolie et d'*ostinazione*. » Regretteraient-ils le fouet du commandeur ? Ce serait le dernier trait du tableau.

Le service des esclaves ne se bornait pas à voguer : les esclaves allaient faire l'eau et le bois ; à eux seuls revenaient toutes les corvées. On les reconnaissait, au milieu des autres galériens, à la touffe de cheveux qu'ils portaient au sommet de la tête; le reste du crâne était rasé. « Qui nous délivrera, s'écriait un des capitaines de la flotte commandée par le duc de Vivonne, de toute cette vilaine engeance? Quand donc lui substituera-t-on des hommes libres? » Nous avons vu ce que pensait le capitaine Pantero Pantera des facilités qu'eût rencontrées ce mode de recrutement. Le frère du grand ministre fondateur, après Richelieu, de la marine française, Colbert de Maulevrier, qui venait de faire la campagne de 1666 sur les côtes de Candie, écrivait à son frère : « En fait de galériens, il n'y a que les forçats qui puissent bien servir. » Les *buonevoglie* offraient cependant certains avantages : d'abord ils dépensaient leur solde sur les galères et contribuaient ainsi au bien-être du reste de la chiourme; de plus, pendant le combat, on pouvait les armer et les déferrer. A bord des galères de Malte, les chevaliers comptaient sur eux « pour avoir l'œil sur les Turcs ». Ils les traitaient avec une certaine distinction, les autorisaient, pendant le jour, à se promener sur la galère avec une seule manille au pied, et ne les remettaient à la chaîne que la nuit. Enfin on leur rasait simplement la tête et l'on respectait leur moustache.

Malgré toutes ces douceurs, les princes parvenaient difficilement à trouver des rameurs de bonne volonté; les *buonevoglie* ne se rencontraient que parmi les Napolitains et les Espagnols. La meilleure, pour ne pas dire l'unique source où l'État pût recruter, avec quelque assurance de n'être pas déçu dans ses prévisions, les équipages de ses navires à rames, c'était encore la perversité humaine. Les criminels formaient en majeure partie le fonds des chiourmes, et quel crime, dans les idées du temps, pouvait être tenu plus digne de châtiment que la rébellion? Lansac, le commandant de la flotte française en 1577, prend dans un combat naval devant Brouage six cents huguenots; il fait mettre sur-le-champ à la chaîne ses prisonniers, — pas tous cependant : aux personnages de quelque importance il a commandé qu'on tranchât la tête. La condamnation sommaire aux galères appliquée à des sujets rebelles passait alors pour un acte de clémence. En effet, nous voyons le marquis de Santa-Cruz, en l'année 1582, se montrer bien autrement rigoureux que Lansac. Il venait de triompher, dans les eaux des Açores, de la flotte qui soutenait la cause du prétendant à la couronne de Portugal, don Antonio, prieur de Crato : sans hésiter, il traite les vaincus en pirates. Huit cents soldats français, que le sort des armes a fait tomber entre ses mains, sont immolés en même temps que les malheureux Portugais, victimes de leur fidélité à la cause nationale. Telle était, à cette époque, la justice des rois : gardons-nous bien de croire que la justice des peuples eût des procédés plus humains ; l'une valait l'autre, et toutes deux se seraient également reproché de faire dans la victoire une part à la pitié.

Au mois de décembre 1676, l'effectif de la chiourme en France se trouvait considérablement réduit : il était descendu au chiffre de quatre mille sept cent dix hommes. Le zèle des tribunaux, stimulé par Colbert, eut quelque peine à remédier au mal. Nos magistrats cependant étaient loin d'être indifférents aux intérêts du Roi, et Colbert avait tort d'accuser leur mollesse : la justice française faisait ce qu'elle pouvait ; pourquoi le service des galères se montrait-il aussi outré dans ses exigences? En 1713, ce noble service, si particulièrement prisé des gentilshommes, se meurt de consomption : « On a besoin, écrit Barras de La Penne, interprète des doléances d'un corps qui commence à sentir que sa fin approche, on a besoin qu'il vienne tous les ans en galères de bonnes et nombreuses chaînes. L'inaction, la misère, la mortalité, ont fort diminué nos chiourmes ; le grand nombre de libertés données, soit aux forçats, soit aux esclaves, n'a pas moins contribué à les détruire. » Du moment que la clémence s'en mêle, il faut perdre tout espoir ; c'en est fait à jamais de la marine à rames. Le dernier débris du vieux monde s'écroule.

En 1753, le coup suprême est porté. Cinquante-deux protestants restaient au bagne de Toulon, quarante-trois condamnés à vie, neuf condamnés à temps. On les gracie sur la demande du comte d'Ottenwied, agent providentiel dont j'ai vainement cherché le nom dans tous les almanachs. Ne regrettez pas trop Jacques Clergue, condamné à Montpellier en 1737 par l'intendant du Languedoc « pour avoir assisté à une assemblée de nouveaux convertis » : Jacques Clergue a quatre-vingt-un ans. L'absence de Jacques Puget, « qui donna en 1734 retraite au nommé Barthélemy Claris, prédicant », ne se fera pas non plus outre mesure sentir : Jacques Puget va entrer dans sa soixante-dix-huitième année. Que faire d'Antoine Mortier, qui aura bientôt soixante-quatorze ans ? Jean-Jacques Guittard, ancien officier, Pierre Raimbert, Paul

Mathieu, Jean Say, André Guirard, Alexandre Chanbon, Jacques Compan, ont également atteint les limites de l'extrême vieillesse : le plus jeune a cinquante-sept ans, le plus âgé soixante-neuf. Ils ont tous assisté à des assemblées illicites où gardé chez eux des livres à l'usage « de la religion prétendue réformée ». Mais Jacques Martin, « qui introduisit dans le royaume, en l'année 1728, des livres et des lettres suspects »; Jean-Pierre Espinade, condamné, en 1740, « pour avoir accueilli et caché chez lui Faureil de Lassagne, ministre de la religion »; Mathieu Morel, qui, à peine âgé de quinze ans, osa suivre un autre ministre, son oncle, « dans le désert »; Louis Bel, Pierre Bernadou, Pierre Sabatier, Jean Molinier, Alexis Corbière, Jean Allier, Antoine Riaille, Jean Menut, Isaac Grainier, gentilhomme, Pierre-Paul Mercier, Étienne Laborde, Paul Laborde, Jean-Pierre Bonvila, Jean Lafont, François Lafont, Henry Martel, Étienne Chapelier, Jean Garagnon, Louis Nègre, Jacques Boucairan, Louis Tregon, Jean Roque, « coupables de contravention aux édits religieux de Sa Majesté »; Mathieu Allard, envoyé aux galères en 1735, par arrêt du Parlement de Grenoble, « sans qu'on ait dit pourquoi »; Paul Garry, Jacob Caussade, Raymond

Gaillard, « qui se sont mariés dans le désert par le ministère d'un prédicant »; Jean Moussie, « qui s'est chargé des annonces de ces mêmes mariages », et ce grand criminel, Paul Achard, hérétique et rebelle à la fois, qui enleva jadis un prédicant à main armée, pourquoi les relâcher? Ceux-là étaient dans la force de l'âge : le plus âgé comptait cinquante-deux années à peine, le plus jeune vingt-deux. Quels bons services ils promettaient encore! car ils étaient tous condamnés à vie, et le capitaine Pantero Pantera nous l'apprend, les condamnés à vie sont « l'âme de la galère ». Ils se savent enchaînés pour toute la durée de leur existence à leur banc, et font preuve d'une résignation qu'on rencontre rarement chez les autres : vétérans de la rame, ils servent à dresser les novices.

Jean Reynard, Jacques Guillot, Pierre Amye, François Rouzier, Jean Cros, Jean-Antoine Raillon, Pierre Maillefaux, Pierre Pinet, Jacques Muletier ont péché quand le bras de la justice s'énervait déjà : ils en ont été quittes à meilleur marché. Dix ans, six ans, cinq ans, trois ans même de fers, c'est à peine le temps de former un bon espalier. Qu'ils soient libres! Ils ne trouveraient pas un comite qui les pleure. Jean Reynard avait cependant fini son temps depuis le 14 octobre 1740 : il s'était probablement endetté et devait servir jusqu'à l'acquittement de sa dette, car nous le voyons, au mois de février 1753, figurer sur la liste des forçats réclamés à M. le comte d'Argenson par M. le comte d'Ottenwied. A moins que la comptabilité du bagne fût mal tenue! On sait quel relâchement nos désastres apportèrent dans toutes les parties de l'administration, et il ne serait pas tout à fait impossible que Jean Reynard eût été retenu à la chaîne au delà de son temps par un odieux calcul ou par étourderie.

Voilà certes un bien grand tissu d'horreurs, et le cœur se soulève en les racontant. Le fanatisme religieux ne doit pas en porter la charge : une critique éclairée a remis aujourd'hui les responsabilités à leur place. La raison d'État poursuivait, dans les protestants, moins des hérétiques que des factieux. Depuis le jour où nous avons quitté la forêt Hercynienne, le christianisme a singulièrement modifié nos instincts sauvages; il faudra probablement quelques générations encore pour que la transformation soit complète; quelque procédé qu'on y emploie, ce n'est pas chose facile de changer le loup Fenris en agneau.

CHAPITRE III.

LA DISCIPLINE ET L'HYGIÈNE A BORD DE LA GALÈRE.

En Grèce, on ne connaissait pour entretenir l'activité du rameur que la voix du céleuste; l'esclave même, si on l'embarquait, avait part à cette immunité générale; « non pas, nous dit Eschine, que le législateur s'intéresse à l'esclave; mais pour mieux imprimer le respect des personnes libres, il est bon d'étendre ce respect, là même où cesse la liberté ». Le Romain, lui, était habitué, dès l'adolescence, aux brutalités du licteur; aussi admettait-il sans murmure la *jussio* — l'injonction — d'abord et, quand la *jussio* ne suffisait pas, le *portisculus*, autrement dit le bâton de l'*hortator remigum*. « Les marins, disait en 1261 le roi de Castille, Alphonse le Sage, doivent être expéditifs dans ce qu'ils font, comme la mer qui est, de sa nature, mobile et emportée. » Le général Bonaparte, embarqué sur le vaisseau *l'Orient,* vaisseau qui le conduisait en Égypte, estimait fort la *liane* du quartier-maître et n'en faisait pas mystère : il n'eût cependant pas admis qu'on osât porter la main sur ses soldats. « La chiourme, observe ici le capitaine Pantero Pantera, fuit volontiers la fatigue et chérit le repos. Pour l'exciter à faire son devoir, il faut employer le bâton autant que le sifflet. En usant de rigueur, le comite sera mieux obéi, et le service s'en ressentira : car la crainte des coups est la principale cause de la bonne conduite à bord de la galère. »

« On aurait tort cependant, ajoute le judicieux capitaine, de recourir constamment à ces excitations corporelles; il importe au contraire de n'en user que par intervalles et avec une extrême discrétion. Le comite qui maltraite sa chiourme sans raison et qui l'irrite ainsi imprudemment, — comme je l'ai vu faire à maint comite inconsidéré, — peut jeter ses forçats dans le désespoir. Ces malheureux en viennent alors à souhaiter la mort comme la délivrance de tous leurs maux : ils s'entêtent et se laisseraient tuer plutôt que de bouger. Le châtiment ne doit pas dépasser la mesure et tomber dans la cruauté; s'il va au delà, que ce soit au moins dans des cas où l'on ne puisse douter que l'excès provient uniquement du zèle pour le service. Qu'on n'ait jamais à en accuser un ressentiment privé, l'amour du gain, le désir d'une vengeance brutale ou toute autre passion blâmable. En dehors du service, le comite qui comprend sa tâche se montre bienveillant pour la chiourme; il l'assiste, la caresse, sans trop se familiariser cependant avec elle, devient son protecteur et, en quelque sorte, son père, se rappelant finalement qu'après tout, c'est de la chair humaine, et que cette chair se trouve au comble des misères. »

La chair humaine a durement pâti depuis le commencement du monde, et la pitié descend bien lentement des sommets du Golgotha. La chiourme cependant était trop difficile à recruter pour qu'on s'exposât de gaieté de cœur à perdre, avant le temps fixé par la nature, ses précieux services. Consultons à ce sujet le capitaine Pantero Pantera; nul mieux que lui ne pourra nous apprendre les droits incontestables du forçat à la sollicitude de son capitaine. « Bien des gens vous affirmeront, dit-il, que donner des remèdes aux galériens malades, c'est jeter son argent à l'eau. Il y a, suivant eux, trop de misères à bord d'une galère pour que les médicaments y produisent quelque effet. Quand vous croyez la chiourme malade, prétendent-ils, ou elle ne l'est pas réellement, ou elle meurt. Ce n'est pas là une opinion fondée; elle doit avoir été suggérée par l'avarice. De bons soins, accompagnés de remèdes convenables, peuvent rendre, sur les galères mêmes, la santé aux galériens : il faut seulement que le médecin soit habile et que le pharmacien soit honnête. Le médecin ne saurait visiter trop souvent ses simples et ses électuaires, car ce sont choses sujettes à se gâter, et quant au pharmacien, qu'il n'aille pas, comme il en a trop souvent la coutume, mettre de l'eau dans ses sirops, et dans ses potions remplacer le sucre par le miel ! Plus d'une fois le malade qui eût dû guérir n'en a été que plus souffrant après avoir pris ces médicaments frelatés. »

Combien d'expéditions remplies d'espérances ont avorté par suite d'épidémies soudaines ! Les flottes de galères étaient plus sujettes que d'autres à ces contre-temps. A bord de la galère, le forçat est comme en prison; il mange presque toujours des viandes salées, souvent des viandes gâtées; il ne boit que de l'eau, parfois de l'eau saumâtre, dort à la belle étoile, sur sa rame, ou entre les bancs. Exposé constamment aux injures de la pluie, du vent, de la gelée, il subit encore l'influence délétère qu'engendre la transpiration de tant d'êtres entassés dans un étroit espace, « influence pernicieuse, remarque le capitaine Pantero Pantera, qui s'aggrave de la puanteur de vêtements sordides et des exhalaisons de maintes immondices ». En 1559, dans le port de Syracuse; en 1560, dans le golfe de Gabès, la flotte espagnole se vit en un clin d'œil décimée par les maladies. En 1570, dans le port de Zara, la flotte vénitienne, « sans avoir frappé un coup d'épée », perdit près de 40,000 hommes (y compris la fleur de la milice italienne). Le mal prit naissance dans la chiourme et gagna la troupe. Devant Malte, en 1565, sur les côtes de l'île de Chypre, en 1571, les Turcs ne furent pas plus heureux. « Il n'est point, observe de nouveau avec son incontestable compétence l'auteur de l'*Armata navale,* de meilleur préservatif contre ces désastres que l'embarquement de bons vivres; le siècle, par malheur, est si corrompu que mille fraudes s'exercent au détriment du prince et de ses équipages. Les contrôleurs eux-mêmes se laissent souvent gagner. Il est bon alors que des gentilshommes graves, connus par de longues épreuves et versés dans les choses maritimes, viennent visiter les vaisseaux à l'improviste avec une autorité suprême. »

La ration du forçat dans le port se composait, au dix-septième siècle, de trente onces de biscuit et d'une soupe dans laquelle trois onces de fèves avaient pour assaisonnement un quart d'once d'huile d'olive. A la mer, cette soupe ne se distribuait que tous les deux jours, pour deux raisons : il est difficile de bien faire la cuisine pendant que la galère est en marche, et il importe de ne pas alourdir la chiourme; l'embonpoint serait aussi nuisible au rameur qu'au cheval de course. « Il faut, nous dit le capitaine Pantero Pantera, soumettre le galérien à un exercice constant qui consume les humeurs superflues et maintienne le corps sain et sec. »

Croirait-on qu'il ait jamais pu exister des heures de joie et des jours de fête dans l'enfer que nous venons de décrire? Si le capitaine Barras de La Penne ne nous l'affirmait d'une façon aussi positive, je me permettrais d'en douter. « Quand on est mouillé dans un bon port, nous dit l'ancien page du roi Louis XIV, il semble que toute la galère ne soit qu'une hôtellerie. On y voit des tables de poupe à proue et des gens autour qui ne manquent pas d'appétit. La cheminée, qui n'est que de toile, fume depuis la pointe du jour jusqu'à la nuit. Manger et boire font quelquefois, pendant une journée entière, l'occupation de l'équipage et de la chiourme. On tâche alors de réparer le temps perdu, car il arrive quelquefois à la mer qu'on est trois jours de suite sans pouvoir allumer du feu. Le Roi donne aux forçats le pain, les fèves, les habits et le logement; il leur permet, en outre, de se procurer par leur travail de quoi se régaler. » Quelle naïve ironie dans les quelques mots qui précédent : « Le Roi donne à ses forçats le logement ! » Le reste du morceau est sur ce ton : « La chiourme, continue Barras de La Penne, travaille avec assiduité les jours ouvriers, afin de pouvoir, les dimanches et fêtes, boire en un jour tout ce qu'elle a gagné pendant la semaine. Quelque soin que l'on prenne, on ne saurait l'empêcher de faire plus de dépense en vin qu'en vivres. Aussi voit-on peu de forçats devenir riches. » A fabriquer des bas, des camisoles, des dés, des broches et autres objets analogues, il est difficile en effet d'acquérir une grande opulence, surtout lorsqu'on doit, par ces petits travaux, suppléer à une ration de biscuit et d'eau, ration, nous avoue le rigide capitaine Pantero Pantera, « notoirement insuffisante ».

Ce qui, bien plus que ses excès de table, empêchera toujours, en dépit de ses petites industries, le pauvre galérien de s'enrichir, c'est qu'il se trouve, sur son banc de misère, en butte à des exactions de toute sorte. Chacun s'ingénie à le voler. Les *taverniers* sont eux-mêmes des forçats : ils vendent tout ce qui peut être nécessaire à des galériens. « Leurs mets, nous dit le capitaine Barras de La Penne, n'étant pas délicieux, ne sont pas d'un grand prix. Les tavernes, ajoute-t-il, ont donc leur utilité; seulement, il ne faut pas permettre que les officiers y prennent un intérêt. » Depuis le temps où Démosthène portait ses plaintes à la tribune du Pnyx jusqu'à celui où Suffren commandait dans les mers de l'Inde, cette tendance des officiers de marine à se livrer à des opérations commerciales n'a cessé d'être signalée et rigoureusement poursuivie. Midias, qu'on voit, dans une des escadres d'Athènes, rester volontairement en arrière pour charger son bâtiment de bois, de pieux, de bétail et d'autres objets, n'est que le précurseur de ces *pacotilleurs* contre lesquels, pendant deux cents ans, tonneront nos ministres.

Le goût de la pacotille n'est guère compatible avec la noble profession des armes; les abus qui peuvent en résulter ne sauraient cependant avoir de bien graves conséquences : il en est autrement quand, sous le nom de *provéditeur,* de *sénéchal* ou de *petentarius,* celui qui tient la bourse du prince en profite pour distribuer de mauvaises rations, des vivres falsifiés, de la viande provenant d'animaux malades ou du fromage pourri ; quand cet intendant infidèle, au lieu d'habiller la chiourme aux époques voulues et de lui fournir les vêtements réglementaires, se rend coupable des fraudes les plus indignes, trompant à la fois sur la durée réglementaire des effets, sur la mesure et sur la qualité des étoffes. On a vu des *payeurs,* plus effrontés encore, chercher à faire passer, dans le payement de la solde, de la monnaie de mauvais aloi ou des pièces rognées.

Les prévarications des payeurs et des provéditeurs n'atteignent le forçat que dans son bien-être ; l'avidité des *argousins* lui inflige d'intolérables tourments. L'argousin, — *aguzino,* — a la garde de la chiourme. Sur nos vaisseaux modernes, avec des équipages libres, il a pris le nom de *capitaine d'armes.* « Il faut, nous apprend le capitaine Pantero Pantera, que l'argousin soit rigoureux sans doute; il serait essentiel qu'il fût désintéressé; sa cupidité ne le porte que trop souvent à maltraiter la chiourme. Pour leur extorquer de l'argent, il battra les forçats, les accablera de travail, les chargera d'une double chaîne sans motif. Il a fort à faire avec de pareilles gens, je le reconnais, et sa tâche est parfois des plus rebutantes. C'est lui qui, tous les soirs, doit visiter les chaînes, les manilles, et faire changer celles qui lui semblent suspectes ; c'est lui aussi qui fait raser la chiourme, afin qu'elle soit plus propre et ait meilleur aspect. »

Préserver la chiourme de la vermine est le premier soin qu'on doit prendre, si l'on veut éviter les épidémies. Lorsqu'on met la galère sur le côté pour en frotter la carène avec des balais, on ordonne aux forçats « de se laver les jambes, les bras, et de se décrasser tout le corps ». Le dimanche, on les fait changer de chemise et de caleçon ; le lundi, chaque fois qu'on est au port, on procède au lavage du linge en le faisant tremper deux ou trois heures dans la mer. Nos matelots lavent aujourd'hui leur linge deux fois par semaine : il ne leur est pas toujours accordé le luxe de le laver à l'eau douce.

Le costume du forçat n'a guère varié depuis trois siècles, et son bagage fut de tout temps fort modeste : en été, deux chemises et deux pantalons de toile, avec un bonnet de drap rouge et une camisole de même étoffe qui lui descend jusqu'aux genoux ; en hiver, un pantalon et un caban de laine brune. Ce caban enveloppe le forçat jusqu'aux pieds. Les *buonevoglie* seuls reçoivent des bas et des souliers ; ils ne les portent, il est vrai, qu'à terre : à bord, ils restent, comme les autres galériens, les jambes nues. On distribue, en outre, deux couvertures de laine par banc aussitôt que la température devient trop rigoureuse. Le froid n'est-il pas le plus implacable ennemi de la chiourme ? Les matelots peuvent au moins bouger, le forçat est rivé à son banc. Les arquebusades, le vent et la pluie font moins de victimes, à bord de la galère, que l'excès du froid. La flotte vénitienne, commandée par Giovanni Soranzo, avait vaincu les Génois dans la mer Noire ; elle venait de leur enlever, en Crimée, la ville de Théodosie, que nous appelons aujourd'hui Caffa : Soranzo eut l'imprudence de vouloir hiverner dans ces parages ; ses vaisseaux se trouvèrent en quelques jours complétement désarmés. Le vent du nord, dont nous éprouvâmes nous-mêmes les effets sur le plateau de la Chersonèse, n'exerça pas moins de ravages à Caffa. Beaucoup de galériens succombèrent : la plupart de ceux qui survécurent eurent les mains ou les pieds gelés.

La chiourme, cependant, ne reste pas tout à fait sans abri quand on est au mouillage : une tente, soutenue par vingt-six espars, convertit le navire en bagne flottant. Toute galère bien armée doit posséder trois tentes : une tente d'*herbage,* c'est-à-dire de laine brune, pour l'hiver ; deux tentes de cotonnine double, l'une blanche et l'autre blanche et bleue. Quand la tente d'hiver est dressée, on bouche soigneusement avec de l'étoupe les dalots du pont, et l'on ferme les deux entrées, à poupe et à proue, avec des portes d'herbage. Le froid, malgré ces précautions, devient-il excessif, on allume à l'intérieur plusieurs brasiers. Il faut, naturellement, prendre soin d'éclairer cette caverne pendant la nuit : des fanaux sont suspendus sous la tente, de l'avant à l'arrière. On les allume tous en même temps, et ils doivent brûler sans interruption jusqu'au jour.

Ce fut assurément une triste invention que celle qui introduisit les chiourmes enchaînées à bord de la galère. Tant qu'on n'y admit que des hommes libres, la propreté, la discipline, la vogue, tout demeura facile. En 1420, le général des galères de

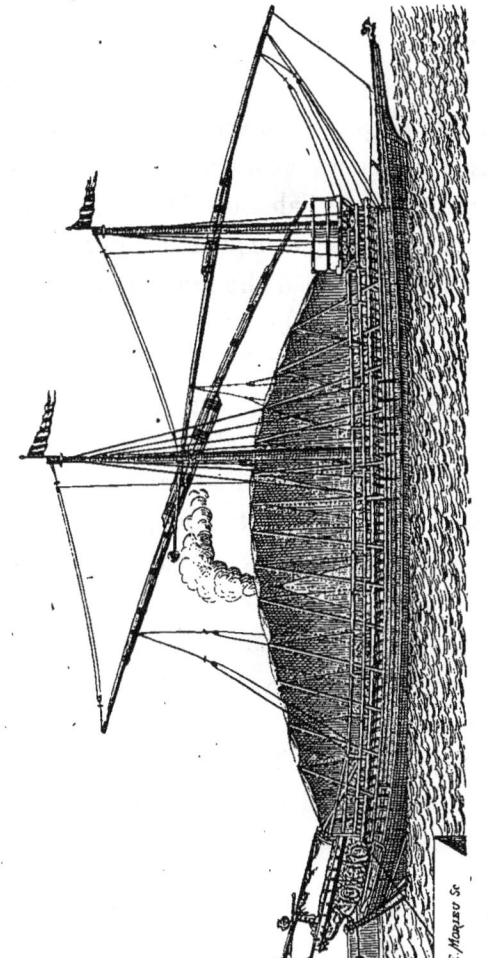

LA GALÈRE AU MOUILLAGE.
La tente dressée sur ses cabris et un des côtés roulé.

Venise, Pietro Mocenigo, n'avait besoin que de quelques lignes pour rédiger un code qui répondît aux moindres exigences du service : « L'ordre et la règle, disait le général vénitien, sont le principe et la fin de toute chose ; l'absence de discipline est la source de tout mal : quiconque n'obéira pas, l'amiral devra l'éventrer. Si un homme faisant partie de l'équipage blasphème Dieu ou sa mère, les saints ou les saintes, il sera fouetté de la poupe à la proue ; s'il est homme de poupe, il payera cent sous. » La galère ne renfermait pas alors dans son sein, comme aux temps du capitaine Pantero Pantera et du capitaine Barras de La Penne, un ennemi intérieur. Avec des chiourmes enchaînées il faut se tenir constamment en garde contre quelque soulèvement : les soldats et les marins placés à la poupe et à la proue ont toujours leurs armes à portée ; au premier signe de rébellion, ils frappent sans merci et mettent à mort les forçats qui tentent de s'insurger. « Dans la chaleur du combat, nous dit le capitaine des galères du Pape, le soulèvement de la chiourme peut tout perdre. Aussi est-il indispensable d'établir une place d'armes à la hauteur de l'*arbre de mestre*. La répression sera, de cette façon, plus facile, et la surveillance mieux assurée. »

La surveillance même ne suffit pas : ayez soin d'avoir dans la chiourme de bons espions. « Ne vous fiez jamais aux esclaves, ajoute le prudent capitaine; ces gens-là n'ont d'autre pensée que de recouvrer leur liberté. Quand des capitaines viendront vous dire qu'avec un regard de travers, ils leur feront mettre la tête sous les bancs; qu'en privant de la vie un ou deux forçats, ils tiendront aisément les autres en bride, ne les croyez pas! Pareille opinion ne saurait appartenir qu'à des esprits frivoles; on a eu trop de preuves du contraire. Faites donc souvent la visite des sacs pour vous assurer que les galériens n'y ont pas caché des armes, des limes, des instruments quelconques propres à les déferrer. »

La philosophie d'une époque où le souvenir des Borgia n'était pas encore effacé me paraît excusable d'avoir pris la méfiance pour base de ses préceptes : « Tenez invariablement, enseignait-elle aux officiers de la flotte pontificale, par la bouche du capitaine de la *Santa Lucia,* l'opprimé pour suspect : l'offenseur écrit l'injustice qu'il commet sur le sable; l'offensé la grave sur le marbre. » Tout était à craindre de la part de ces hommes énergiques, dans la force de l'âge, qui n'avaient d'autre alternative que de mourir enchaînés sur leurs bancs ou de s'affranchir par un trait d'audace. Quels dangers auraient pu les intimider? Leurs persécuteurs n'oubliaient pas cependant de les convier à la résignation en leur laissant entrevoir, pour prix de leurs peines temporelles, les perspectives consolantes d'une autre vie. Presque aussi féroce que le moyen âge, le dix-septième siècle trouvait tout naturel de se montrer sans pitié pour la chair humaine; il se fût fait scrupule de négliger le salut des âmes. Dans toute expédition de quelque importance, l'amiral ne manquait pas d'embarquer à bord de chaque galère un ou plusieurs religieux, qui, après avoir, par leurs prières et par leurs mortifications, préparé le succès de l'entreprise, pussent encore, au moment de l'action, exhorter l'équipage à combattre courageusement pour la foi catholique. Même en temps de paix et pour les traversées les plus ordinaires, il n'était point d'état-major complet sans chapelain.

Ce gardien des âmes tenait sur la galère une place en harmonie avec les préoccupations du temps. « Que le chapelain, — ainsi s'exprime dans son excellent livre le capitaine Pantero Pantera, — soit versé dans les cas de conscience et sache discerner la gravité des fautes. Pasteur spirituel, on le verra se garder soigneusement lui-même de tout ce qui pourrait engendrer le scandale, rechercher, au contraire, les œuvres qu'il jugera de nature à édifier le prochain. Quel est son premier devoir? D'user d'industrie pour conduire cet équipage si aventuré à l'amour et à la crainte du Créateur. Qu'il exhorte donc souvent la chiourme à supporter patiemment les travaux de cette vie pour l'amour de Dieu et pour l'expiation de ses péchés. Qu'il ait un soin diligent du culte divin et chante chaque samedi le *Salve, Regina;* chaque vigile de fête, les prières de la Très-Sainte Vierge. »

S'il était des vaisseaux où le service religieux dût être entouré de pompe et de sollicitude, n'est-ce pas sur ces vaisseaux qui arboraient l'étendard de saint Pierre? La « messe en galère » était cependant un privilége accordé aux seules galères de France; on ne la disait sur aucun autre bâtiment à rames, pas même, comme le fait remarquer avec un juste orgueil le capitaine Barras de La Penne, sur les galères du Pape. Quant aux chapelains français, tout nous fait supposer qu'ils furent vraiment dignes de ce grand clergé de France qui, à toutes les époques de l'histoire, s'est fait une place à part dans la société ecclésiastique par son zèle éclairé, non moins que par ses vertus. Qui trouvons-nous, en effet, à la tête de l'aumônerie française, dès le 1er septembre de l'année 1645? Un saint, le plus sympathique et le plus aimable des saints : « M. Vincent de Paul, bachelier en théologie. » L'*État au vrai de la marine du Levant* lui alloue, en sa qualité d' « aumônier réal », et « pour avoir égard à sa supériorité sur tous les aumôniers des galères », la somme de 600 livres. Voilà bien le chapelain qui pouvait, suivant le vœu du capitaine Pantero Pantera, « inspirer par ses exemples aux pécheurs l'horreur du péché », peut-être même, qui sait? faire pénétrer quelque chose de sa douce mansuétude dans l'âme de l'argousin.

Nous avons eu aussi dans la marine à voiles nos temps de discipline brutale et de châtiments corporels; néanmoins on ne saurait établir sous ce rapport aucune comparaison entre le vaisseau rond et la galère. Ce sont deux mondes séparés par un abîme. Quand nous raconterons les grands combats livrés par la marine à rames, on devra toujours avoir présent à l'esprit ce pont chargé de malheureux qui, au milieu des horreurs de l'action, se débattent dans leurs chaînes et n'ont pas même la consolation de pouvoir se réjouir de la victoire, car la victoire ne changera rien à leur sort. La défaite leur serait plus utile; elle a souvent rendu la liberté aux chiourmes de l'escadre vaincue et fut plus d'une fois en partie leur ouvrage. A Lépante, les esclaves chrétiens, voyant l'aile droite de la flotte turque mise en déroute par les galères alliées, se démenèrent tellement qu'ils finirent par briser leurs chaînes et leurs menottes. Ils prirent alors, avec une fureur incroyable, les Turcs à dos et contribuèrent dans une certaine mesure au triomphe des armes de la sainte ligue.

Du quinzième au dix-huitième siècle, les drames de la mer ont, comme le drame antique, des acteurs spécialement chargés de tenir les grands rôles, et un chœur qui ne prend point de part directe à l'action : les imprécations de ce chœur me gâtent un peu la marine du bon vieux temps.

CHAPITRE IV.

GALÈRES ET GALÉASSES. — NAVES ET GALIONS.

L'année 1571, année que devait rendre à jamais mémorable la victoire décisive remportée par la chrétienté sur l'islamisme, marque une date importante dans l'histoire de l'art naval : elle est pour ainsi dire le point de partage de deux marines, — de la marine triomphante qui sent déjà venir sa déchéance, et de la marine jusque-là plus modeste qui se croira bientôt de force à supporter seule le poids des batailles. Pour la dernière fois, les flottes du moyen âge ont combattu en corps dans le golfe de Lépante. Devant les vaisseaux ronds tout chargés d'artillerie, la chiourme intimidée se retire de l'arène; si, par hasard, on l'y voit reparaître, ce n'est plus qu'à la dérobée et uniquement à titre d'auxiliaire. Cette transformation de l'instrument naval coïncide avec la prépondérance croissante des marines du Nord et tend singulièrement à la favoriser. En 1590, dix vaisseaux anglais de la compagnie ottomane rencontrèrent, en revenant du Levant, près du détroit de Gibraltar, douze grandes galères espagnoles, que commandait Jean-André Doria, petit-neveu du célèbre amiral de Charles-Quint. Vice-roi de ces parages, Jean-André guettait, pour l'intercepter, le convoi britannique. Les Anglais se mirent en défense. Le 24 avril, au matin, l'escadre espagnole se dirigea sur eux, et le combat commença. La première volée d'un des vaisseaux anglais balaya le pont de la galère qui venait l'assaillir et perça la coque de part en part. Une volée générale de toute la flotte suivit : l'action continua furieuse durant six heures. Au bout de ce temps, les galères espagnoles étaient si maltraitées qu'elles eurent recours à leurs avirons pour gagner le port le plus voisin, laissant aux Anglais l'honneur d'une victoire complète.

Par un retour à coup sûr bien inattendu, c'est aujourd'hui la marine à voiles qui a cessé de compter parmi les engins de guerre. Que la révolution commencée en 1830 s'achève, que les vaisseaux cuirassés soient obligés demain de faire place aux flottilles, nous nous verrons, à notre grand étonnement, saisis par le vieil orbite et ramenés, après avoir décrit un grand cercle, aux règles stratégiques d'une autre époque. Il y a plus d'un rapport, croyez-le bien, entre cette poussière navale du passé que j'agite et celle qui recommence à couvrir les mers. La préparation et les incidents de la bataille de Salamine, de la bataille d'Actium, de la bataille de Lépante, appellent à plus juste titre les méditations de nos jeunes officiers que les phases capricieuses des grands combats de la marine à voiles : car, dans ces combats plus récents, la part du hasard fut toujours tellement exagérée que l'enseignement philosophique ne s'en dégage pas sans peine. Nous frôlons peut-être en passant, et sans nous en douter, le futur amiral qui commandera un jour nos flottilles. Est-il dans les rangs de nos aspirants, dans ceux de nos enseignes? Figure-t-il sur la liste de nos lieutenants de vaisseau? Ce serait miracle s'il fallait le chercher parmi nos capitaines de frégate : nous sommes voués à une si longue paix! Quel qu'il soit, puisse-t-il, dès à présent, profiter de mes récits : s'il y puisait jamais, à l'heure des décisions suprêmes, une inspiration heureuse, je me croirais amplement récompensé de ma persévérance et de mes peines. La bataille de Lépante n'est donc pas seulement, pour nous autres marins du dix-neuvième siècle, une action dramatique d'un immense intérêt ; nous y cherchons aussi une grande leçon de tactique. Je voudrais, s'il était permis aux hommes de notre temps de rêver de semblables rôles, me placer un instant par la pensée en face des responsabilités de don Juan d'Autriche, me donner l'émotion de ses anxiétés, de ses patriotiques angoisses, m'en pénétrer si bien que je puisse me figurer les avoir ressenties moi-même. Je n'y parviendrais pas, si je ne prenais soin, avant tout, d'acquérir la connaissance intime des moyens d'action dont ce valeureux chef disposait.

Du moyen âge au seizième siècle, les galères s'étaient transformées ; elles avaient surtout notablement accru leurs dimensions. On les voit brusquement passer d'une longueur de vingt-sept mètres à une longueur de quarante-six mètres de capion en capion. Les équipages ont plus que doublé. Les statuts de Gazarie[1], ces statuts promulgués à

---

[1] Les Génois appelaient Gazarie le pays des Khazares, peuples qui occupaient au treizième siècle la Crimée et la Tauride. La colonie génoise de Caffa, en Crimée, prit, au cours du quatorzième siècle, un tel développement, que la république jugea nécessaire d'en placer les opérations commerciales sous le contrôle d'une magistrature qui prit le nom d'*Office de Gazarie*. Les statuts

Gênes au commencement du quatorzième siècle, n'attribuaient aux galères qui faisaient le commerce de la mer Noire, qu'un sénéchal, 4 pilotes, 163 rameurs et 10 arbalétriers. Hue Quiéret, ce marin de Provence qui combattit à la bataille de l'Écluse, se contentait, si l'on en croit un document portant la date de l'année 1335, d'une chiourme de 174 hommes. En 1337, les galères de Gênes et de Monaco ne portaient, avec un patron, 2 comites, 2 écrivains et 25 arbalétriers, que 180 mariniers occupés à la vogue. Tel était également le nombre des hommes libres que Venise embarquait pour le service des rames à bord des grosses galères que la république envoyait en Flandre. A peu près à la même époque, le roi d'Aragon, comte de Barcelone, fixait ainsi l'effectif qu'il voulait embarquer sur ses bâtiments à rames : il leur donnait un patron, 2 comites, 8 nochers, dont un écrivain, 14 mariniers, — proyers et conilliers, — 6 espaliers et 156 rameurs ordinaires. A dater des dernières années du seizième siècle, les galères ordinaires, — autrement dit les galères *senzilles*, — auront

---

publiés, de l'année 1313 à l'année 1344, par cette magistrature, furent bientôt rendus applicables à tout le commerce maritime de l'État de Gênes.

généralement 5 hommes au moins par rame et par banc. On donnera 6 hommes aux capitanes et 8 aux galéasses. La galère que montait, au mois de juin 1573, le petit-neveu du grand André Doria, avait un équipage de 390 hommes, — 20 officiers, 22 domestiques nobles, 44 mariniers, 8 proyers, 16 soldats et 280 rameurs.

En 1630, un Parisien, Jean-Jacques Bouchard, ami de Chapelain, de Balzac et de Gassendi, fort intéressant voyageur, mais immonde écrivain, fit le voyage de Paris à Rome [1]. Les galères du Roi venaient d'être transférées de Marseille à Toulon, « pour mettre fin aux différends continuels qu'avaient entre eux le général des galères et M. de Guise, gouverneur de Marseille et de toute la Provence ». Ces galères, que Jean-Jacques Bouchard s'empressa de visiter, possédaient chacune « une chiourme de 260 forçats : 250 pour la vogue (cinq à chaque rame) et 10 pour le service des chambres ». La ration du forçat était alors de 36 onces de biscuit et *son soûl d'eau*. On lui donnait tous les ans « un capot, une casaque, un bonnet, deux chemises et deux caleçons ». Les cheveux et la barbe rasés, il

[1] Publié pour la première fois à Paris en 1881, sur le manuscrit de l'auteur. Isidore Liseux, éditeur.

lui était permis de garder ses moustaches. « Quand les forçats viennent en galère, dit Jean-Jacques Bouchard, on les fait entrer par la poupe; quand ils meurent, on les fait sortir par la proue, les pieds devant. » Un come ou comite, payé 9 écus par mois, les commande. Il châtie les forçats avec un gourdin, corde grosse comme le doigt, ou avec un cercle (sorte de latte). « Il fait tous les commandements avec un sifflet. » Ce come a pour l'assister, outre le sous-come, un argousin spécialement chargé « d'enchaîner et de déchaîner la chiourme, » un sous-argousin « qui visite les fers des forçats trois fois la nuit », le moussi ou mousse de l'argousin « qui déferre et referre les forçats », douze compagnons « qui conduisent les forçats, lorsqu'ils vont par la ville ».

Le comite « commande aussi aux voiles »; autrement dit, il préside à tous les détails de la manœuvre. Au temps où la chiourme était libre, dans la marine grecque, comme dans les marines italiennes et espagnoles du moyen âge, le comite ou maître d'équipage, — *notre homme,* comme l'appelle le capitaine, quand il veut lui donner des ordres, — remplissait déjà les fonctions longtemps dévolues au master anglais. C'est l'Euctémon que le client de

Démosthène envoie recruter des matelots à Lampsaque. Le capitaine, qui reçoit, en l'année 1630, 9,000 écus par an, à la charge « d'entretenir la galère », n'est qu'un triérarque : il a remplacé l'opulent citoyen qu'aux jours de la république athénienne sa fortune bien plus que son mérite désignait au coûteux honneur du commandement. Le préfet de l'empereur Léon, le patron des *partidas* du roi don Pèdre, le capitaine des galères de Charles-Quint ou de Louis XIV, sont, sous des noms divers, des triérarques. Le prince leur remet la défense de son honneur et de son étendard ; il ne leur demande pas la science spéciale qui reste l'apanage du comite, du pilote, du gubernator ou du master. Le capitaine a sous ses ordres directs un lieutenant, « aux appointements de 2,000 livres » ; un écrivain, « qui fait la provision et la dépense », 50 soldats, — un par banc, — 4 caporaux, 4 canonniers, 20 mariniers, 4 timoniers, 4 *conseillers*, « quand il survient quelque tempête », 4 caps de garde « qui servent sous les timoniers », un remolat « qui fait les rames », un barillat « pour raccommoder les barils », un barbier avec son barberot, un prêtre « à quatre écus par mois ». En résumé, 250 forçats et 116 hommes libres, — 366 personnes en tout, — composent, en 1630, l'équipage d'une galère ordinaire.

La surface totale de la voilure d'une galère *senzille*, — c'est-à-dire d'une galère ordinaire, — était évaluée à 518 mètres carrés, — à peu près le cinquième de la voilure d'un vaisseau de soixante-quatorze canons. Le centre de voilure se trouvait placé à 3^m,12 en avant du milieu du navire et à 10^m,73 au-dessus de la flottaison. La plus grande voile de mestre, celle qui se portait avec l'espigon, — sorte de bout-dehors de bonnette, — s'appelait le grand marabout. Elle avait 50 faix, — autrement dit 50 laizes, — et employait de 1,050 à 1,060 mètres de cotonnine simple. La seconde voile portait le nom de maraboutin : on la faisait de cotonnine double, avec 44 faix et 860 mètres environ d'étoffe. Puis venait la mizaine ou méjane, voile de 36 faix et de 780 mètres de cotonnine double. Après la mizaine, si le temps forçait encore, on enverguait la voilette ou boufette, voile de cotonnine double comme la mizaine et le maraboutin, mais dont la confection n'employait que 28 faix et 380 mètres de toile. Une dernière voile, la moindre de toutes, voile de gros temps, voile de cape, se nommait le polacron. Le mât d'avant portait aussi, suivant la force de la brise, une grande ou une petite voile. Le grand trinquet contenait 38 faix et 660 mètres de cotonnine simple ; le petit trinquet, ou trinquenin, voile de cotonnine double, avait, à peu de chose près, les dimensions du maraboutin ; il se composait de 28 faix, comprenant 385 mètres de toile. Le tréou, voile carrée, exigeait 34 faix et 384 mètres de cotonnine double.

En l'année 1700, on estimait qu'il fallait trois mois pour construire une galère, en y employant soixante-dix ouvriers. Le prix de la construction et de l'équipement était évalué à 54,000 livres ; le radoub annuel, à 2,000 ; la solde, à 2,606 livres par mois. Le capitaine recevait également chaque mois pour sa table 500 livres, l'écrivain en touchait 50 ; l'aumônier, le chirurgien et le remolat, 30 ; le barillat et le maître d'hache, 15 ; les pertuisaniers, 9 ; les proyers, 4 1/2 [1]. Je m'arrête : les documents abondent ; si l'on voulait tout citer, des volumes ne suffiraient pas.

La galéasse, comme l'a fort bien fait remarquer

---

[1] *Traité de commerce*, par M. Dieul, ouvrage manuscrit portant la date de 1700. Cet ouvrage m'a été fort obligeamment signalé par M. Labrousse, ancien lieutenant de vaisseau, qui a bien voulu m'en adresser lui-même quelques extraits.

M. Jal, ne fut d'abord qu'une galère plus grande et plus forte que la galère commune, un bâtiment plus long, plus large et plus haut d'un tiers environ, avec le même nombre de rames, — un peu plus espacées cependant, — trois arbres au lieu de deux et un timon à la façon du gouvernail des naves. Vers la fin du seizième siècle, cette galéasse devient en quelque sorte un bâtiment mixte : elle tient le milieu entre la galère et le galion. C'est encore un navire à rames, mais un navire si lourd qu'il peut difficilement se passer de remorque. Le Père Fournier le définit ainsi : « une grosse galère à voiles et à rames dont les forçats voguent sous couverte. » Sur la galère, les retranchements étaient mobiles ; on les élevait à l'heure du combat ; la galéasse est toujours entourée « de pavesades hautes, solides, permanentes », qu'on a garnies de meurtrières, — *feritori*, — par lesquelles les soldats tirent leurs mousquets et leurs arquebuses. Entre l'extrémité des bancs, recouverts d'un pont très-léger — le *catastrôma* des anciens — et les pavesades, règne de chaque bord un large couroir sur lequel la garnison du vaisseau se range pour combattre ou se couche pour prendre du repos. La galéasse, on le voit, était un navire à batterie ; elle

4.

était de plus un navire à dunette : deux châteaux, le château de poupe et le château de proue, dominaient de très-haut, — de 1^m,70 environ, — le pont où étaient établis les bancs de la chiourme. Sur les cinquante-six mètres qui comprenaient la longueur totale de l'œuvre morte, cinq étaient affectés à l'emplacement du château de proue, six à celui du château de poupe. Une porte, ouverte sur l'espale, mettait en communication le château de poupe et la chambre de vogue.

Je tâche d'être clair : je ne me dissimule pas cependant que, si la postérité devait jamais essayer d'édifier, d'après mes descriptions et sans le secours d'aucune figure, une galère ou une galéasse du seizième siècle, elle courrait fort le risque de tomber dans quelques-unes de ces conceptions étranges qui auraient bien étonné les contemporains des Ptolémées et des Périclès. Le Musée du Louvre garde heureusement, grâce aux bons soins de l'amiral Pâris, un spécimen fort exact de toutes les phases par lesquelles a passé l'architecture navale de nos jours. M. le vice-amiral Pâris, avec des débris et des textes, est parvenu à opérer la restitution complète d'une galéasse. Cette énorme galère, dont le déplacement n'est guère inférieur à un millier de

LA ROYALE.
Galéasse du dix-septième siècle, d'après un modèle du Musée naval du Louvre.
Page 66.

tonneaux, et dont le tirant d'eau dépasse 4ᵐ,30, était mue par cinquante-deux rames de seize mètres de long : sur chaque rame, on rangeait de huit à neuf hommes. L'équipage se composait de 452 rameurs, 350 soldats, 60 mariniers, 12 timoniers, 40 compagnons, 36 canonniers, 12 proyers, 4 officiers de sifflet, 2 pilotes, 2 sous-pilotes, 4 conseillers, 2 chirurgiens, 2 écrivains, 2 argousins, 2 charpentiers, 2 calfats, 2 tonneliers, 2 boulangers, 10 valets, un capitaine, un lieutenant, un aumônier, — en tout un millier d'hommes, c'est-à-dire, à peu de chose près, l'effectif d'un ancien vaisseau à trois ponts. La flotte de la Sainte Ligue, à la bataille de Lépante, comptera six galéasses sorties de l'arsenal de Venise; la grande Armada amènera dans la Manche quatre galères du Portugal et quatre galéasses de Naples. Chaque galère sera montée par 110 soldats et par 222 galériens; l'équipage des galéasses comprendra 700 hommes : 130 matelots, 270 soldats et 300 galériens.

Plus apte que la galère à braver les tempêtes de l'Océan, la galéasse eut surtout sa raison d'être quand l'artillerie, introduite dès l'année 1380 à bord des bâtiments à rames et à voiles, vint modifier d'une façon radicale la tactique des combats de mer. En se transformant peu à peu, la galéasse finira par combler l'intervalle qui sépare encore la marine des vaisseaux longs et celle des vaisseaux ronds : le vaisseau *la Couronne,* bâti en l'année 1637 à la Roche-Bernard, en Bretagne, par le Dieppois Charles Morieu, ressemblera bien plus, sauf sa haute voilure, à une galéasse qu'à une nave.

Les naves, ou nefs, n'avaient rien de commun avec les galères, quoiqu'elles fussent souvent appelées à les seconder. Au treizième siècle, elles n'étaient encore que des navires de 200 tonneaux au plus, ne portant d'ordinaire qu'un seul mât et une seule voile : bientôt les dimensions de la nave grandissent, elle apparaît avec plusieurs mâts et un grand nombre de voiles étagées l'une sur l'autre, avec des sabords et jusqu'à deux cents pièces d'artillerie. Les naves de la Méditerranée, telles que nous les retrouverons en 1571 à la suite de la grande flotte de galères de don Juan d'Autriche, avaient quatre mâts, y compris le mât incliné sur l'avant qui portait la civadière et deux ou trois couvertes que le capitaine Pantero Pantera compare, non sans raison, « à autant de toits superposés ». La plupart de ces naves sont des bâtiments de 800, de 900, souvent de 1,000 tonneaux. Le calme les

Vaisseau rond ou galion du quinzième siècle.

laisse immobiles, le vent contraire les arrête en route, et un grand tirant d'eau leur interdit l'approche des plages basses. Dans le golfe de Venise, il faut, suivant le témoignage de Froissart, qu'elles s'arrêtent à Parenzo.

L'introduction de l'artillerie à bord des galères dut nécessairement en modifier peu à peu la construction : il fallut des membrures et des plates-formes plus solides pour résister aux secousses du tir. Sur les galères ottomanes, qui combattirent à Lépante, aussi bien que sur les caravelles que Vasco de Gama emmena de Lisbonne pour leur faire franchir le cap de Bonne-Espérance, l'arc et l'arbalète figuraient encore comme engins de guerre à côté de la bombarde et de l'arquebuse. L'arc était généralement « fait de bon bois d'if »; sa longueur variait de un à deux mètres. L'archer portait douze flèches à la ceinture, et, s'il était aussi habile que les archers anglais, il pouvait décocher ces douze flèches, longues de près d'un mètre, dans l'espace d'une minute. Jusqu'au seizième siècle, l'arc fut l'arme favorite, on peut même ajouter l'arme par excellence des Anglais. Cependant, vers la fin du onzième siècle, l'arbalète, ou arc à crosse, — le *cross-bow*, — est venue faire concurrence à l'arc, sur lequel l'arme nouvelle l'emporte pour la pénétration et pour la portée. Les traits lancés par l'arbalète, — flèches, dardelles, matras, carreaux, viretons, — atteignent le but à cent vingt mètres au moins ; la portée de la flèche ne dépasse pas soixante-quatre mètres. Archers anglais, arbalétriers espagnols ou génois, forment, dès cette époque, une milice redoutable, milice souvent fatale à la grosse cavalerie, qui affecte de la mépriser.

Il n'est pas fait mention d'armes à feu dans la grande bataille navale de l'Écluse, qui fut, on se le rappellera, livrée sur les côtes de Flandre le 24 juin 1340 ; un demi-siècle plus tard, on entend déjà gronder devant les Lagunes la bombarde qui vient prendre la place du mangonneau et de la catapulte. Bientôt après, des tubes plus allongés, — *cannes,* ou canons, springales, pierriers, coulevrines, — substituent aux feux courbes les feux directs. Parmi ces nouveaux engins, les uns se chargent par la bouche, les autres ont une culasse mobile dans laquelle se logent la poudre et le boulet ; une culasse qu'on ajuste à la volée au moment du tir, et qu'on y fixe au moyen de brides ou d'étriers. La grosse artillerie névro-balistique aura, dans quelques années, complétement disparu. Restent l'arbalète et l'arc ; le *canon à main,* tube de bronze dont le poids n'excède pas dix livres et qu'on encastre dans un fût d'un mètre environ de longueur, ne tardera pas beaucoup à les remplacer : s'il a moins de rapidité, moins de justesse dans le tir que l'arc et l'arbalète, le canon à main a du moins l'avantage de percer la cuirasse, de plus en plus épaisse, dont se couvre le chevalier. Dans les actions de pied ferme et dans la guerre de siége, le canon à main, autrement dit *la canna di ferro,* se pose sur une fourchette : il prend alors le nom d'arquebuse à croc. Il faut deux hommes pour le manœuvrer. Telle est l'arme que la chevalerie appelle l' « arme des lâches », et qu'elle voudrait, comme le paladin de l'Arioste, « renvoyer à l'enfer, d'où elle est sortie ». Tout arquebusier qui tombe entre les mains de Bayard est à l'instant pendu. Bien des gens, si on les laissait faire, ne traiteraient pas mieux nos torpilleurs.

A quoi serviront désormais le corselet, la cotte de mailles, le jaque, le haubert, le buffle, l'armure de fer forgé, avec ses brassards, ses chausses, ses gantelets, sa coiffe, son gorgerin, ses grèves? Quelle protection attendre du bouclier, de l'écu, de la rondache, du pot en tête, du heaume, du casque, du nasal, du morion, de la salade, de la bourguignote? Toutes ces armes défensives étaient bonnes quand on n'avait à craindre, outre les flèches et la lance, que l'épée, l'espadon, la flamberge ou la colismarde. Aujourd'hui, on peut s'épargner la peine d'en porter le poids écrasant : ce ne sont plus ce que l'on appelait autrefois des *armes à l'épreuve*.

« Les armes à feu, écrivait Montaigne, sont de si peu d'effet, sauf l'étonnement des oreilles, qu'on en quittera l'usage. » Ce n'était point là l'opinion de Machiavel, encore moins celle de Brantôme ou de Strozzi. L'incertitude du tir explique cependant jusqu'à un certain point la boutade de Montaigne; mais le tir peu à peu se rectifie, l'arme elle-même de jour en jour se perfectionne. Le canon à main n'a plus besoin, quand on veut ajuster l'ennemi, d'être posé, comme je l'ai encore vu en Chine, sur l'épaule d'un goujat : on en a redressé la crosse, garnie maintenant d'une plaque de couche ; l'arquebuse est devenue mousquet : pour la mettre en joue, on l'épaule. Autre progrès bien plus sensible encore : au début, on enflammait la charge par l'approche d'un boute-feu sur l'amorce. « La mèche, dit l'Arioste, touche un soupirail presque invisible aussi délicatement que le fer du chirurgien touche la veine quand on opère une saignée. » La mèche, ou serpentin, sera désormais enroulée à un chien qui, par un mouvement de bascule, l'abattra brusquement sur la platine. L'arquebuse à rouet d'acier succédera, — si tant est qu'elle leur soit postérieure, — à l'arquebuse et au mousquet à mèche; elle fera place elle-même, en l'année 1630, au fusil. Il faut enfin se rendre à l'évidence : la poudre a définitivement gagné son procès. Seulement elle y a mis le temps, près de trois siècles.

L'artillerie d'une galère du dix-septième siècle, — c'est de cette époque que datent les renseignements vraiment précis, — consistait en cinq canons et douze pierriers : « Le plus gros de ces canons, dit le capitaine Barras de La Penne, est de 36 livres de balles : on le nomme canon de coursie ou coursier, parce qu'il est généralement placé dans la coursie, entre l'arbre de mestre et la rambade. » Ce poste n'était pourtant assigné au coursier que pendant la navigation; quand il fallait combattre, on se hâtait de traîner le canon de 36, — le grand exterminateur, — jusque sur l'avant, à toucher le joug de proue et le tambouret. Les autres pièces s'appelaient, les unes des bâtardes, les autres des moyennes. La bâtarde était un canon du calibre de 8 livres de balles; la moyenne appartenait au calibre de 6. On mettait une bâtarde et une moyenne côte à côte à chaque conille.

L'armement des galéasses égalait presque celui des galions, autrement dit des vaisseaux de haut bord. Il se composait de soixante-douze pièces d'artillerie. Cette artillerie comprenait, il est vrai, des bouches à feu de tous les calibres. Les grosses pièces se plaçaient à la proue et à la poupe : le canon de coursie portait généralement de 50 à 80 livres de balles. Deux autres canons de moindre calibre étaient placés de chaque côté du coursier. En somme, dix bouches à feu, parmi lesquelles il fallait compter des sacres et des demi-couleuvrines, garnissaient tout l'avant, montées sur deux étages : on en plaçait huit à la poupe, le même nombre à peu près de chaque bord, tirant par le travers. Dans la chambre de vogue, on trouvait, en outre, un pierrier ou un espingar à la hauteur de chaque banc. Le pierrier était un canon court à large bouche fait pour lancer à très-petite distance de 30 à 50 livres de pierres; l'espingar, d'où est venu le nom d'espingole donné à une arme de bronze qui n'a disparu que très-récemment de notre marine, se posait, comme le pierrier, sur un pivot. Il tirait, sans recul, de petits boulets de fonte dont le poids n'excédait pas une livre. Les naves, que l'on a souvent confondues avec les galions, avaient des sabords, et l'on en a vu porter jusqu'à deux cents bouches à feu.

Combat d'une nave hollandaise et d'un galion espagnol dans les eaux des Philippines, au commencement du dix-septième siècle.

Page 76.

CHAPITRE V.

UNE ESCADRE DE GALÈRES DISPERSÉE.

Avec les documents que nous possédons, rien ne serait plus facile que de reconstruire de bout en bout une galère, d'en meubler l'intérieur, d'en décrire jusqu'au moindre détail l'armement : nous nous contenterons de montrer la galère en route, exécutant les diverses manœuvres que les incidents de la traversée lui imposent. La leçon n'a pas rebuté Louis XIV, le jour où elle lui fut donnée par son général des galères, Louis-Victor de Rochechouart, comte, puis duc de Vivonne, frère de madame de Montespan : nous espérons que vous ne serez pas moins désireux de vous instruire que le grand roi. Rabelais, quand il met Panurge aux prises avec la tempête, fait un étrange usage des termes techniques qu'il a saisis au vol; nous ne vous offrirons que des échantillons rigoureusement authentiques d'une langue qui eut l'avantage de se faire entendre à la fois du

Turc, du Barbaresque, du Maure, du Napolitain, de l'Espagnol, du Français, forçats rivés à la même chaîne, rameurs attentifs au même commandement. Pour s'adresser à un tel mélange d'hommes rassemblés par leur malechance de tous les coins du globe, il fallait une langue neutre : la langue franque a été, pendant deux ou trois siècles, presque aussi familière aux marins musulmans qu'aux marins chrétiens. Dragut et Barberousse, le capitaine Pantero Pantera et Barras de La Penne l'ont parlée avec une égale aisance ; s'ils se sont rencontrés aux Champs Élysées, ils se seront compris. Aujourd'hui la langue franque n'est plus, comme le grec et comme le latin, qu'une langue morte : les Coulouglis d'Alger eux-mêmes l'ont oubliée. Ce dialecte si utile, dont l'oracle de Delphes eût pu quelquefois envier la concision, a pris, en 1845, congé du monde maritime. Chose à noter, ce fut dans une circonstance solennelle, — en plein conseil de guerre, — qu'il nous fit ses adieux. Nous avions fait présent au bey de Tunis d'un navire à vapeur. Dès sa première traversée, ce navire, mis au monde sous un astre néfaste, va s'échouer presque en vue du port : il se perd sur le cap Carthage. On traduit le capitaine et les officiers en jugement. Nous avions donné le navire, nous fournissons les juges. Une seule déposition suffit : « *Capitano malato, piloto dormir, mi non sabir, bastimento perdir.* » Qu'eût-on pu dire de mieux au temps de Palinure?

Le savant auteur du *Glossaire nautique,* M. Jal, a cru pouvoir conclure de ses longues recherches que « le plus grand espace parcouru par une galère entre deux palades », c'est-à-dire entre deux coups d'aviron, correspondait à la portion de la longueur du navire occupée par sept bancs; en d'autres termes, à 9^m,74, et M. Eugène Sue est d'avis qu'une galère bien armée devait donner vingt-six palades par minute, quand la chiourme voguait à outrance, de vingt-deux à vingt-quatre, quand elle voguait modérément. Si l'on acceptait ces données, la vogue à toucher le banc aurait eu pour résultat de faire franchir à la galère un espace de deux cent cinquante mètres par minute, de quinze kilomètres ou huit milles marins environ à l'heure. Jamais, on peut l'affirmer sans crainte, pareille vitesse ne fut atteinte par un navire à rames. Le célèbre ingénieur Forfait estime que la galère la mieux montée pouvait faire, par un calme parfait, quatre milles et demi au plus pendant la première heure, deux milles et quart ou un mille et demi pendant quelques heures encore. Après un temps assez court, la chiourme épuisée n'était plus, suivant lui, capable d'imprimer au navire la moindre vitesse. L'opinion de Forfait a pour nous d'autant plus d'importance qu'elle résulte évidemment d'études approfondies et sérieuses. Forfait écrivait à une époque où les projets de descente en Angleterre semblaient devoir rendre à la marine à rames son importance.

On ne peut, — la chose est bien évidente, — accomplir à la rame que des traversées de peu d'étendue. Naviguez-vous le long d'une côte où les ports sont nombreux? N'hésitez pas à jeter l'ancre tous les soirs. Telle est généralement la coutume sur la côte d'Italie, où les galères du Roi se rendent le plus souvent quand elles sont en campagne. L'audace est une excellente chose : Nelson, s'il en faut croire le capitaine Cochrane, prétendait qu'un marin, pour être assez hardi, doit être à moitié fou. Ajoutons qu'il prêchait d'exemple. L'audace cependant quelquefois se paye cher. Vous souvient-il, mes vieux camarades, du fameux coup de vent du 21 janvier 1841? Le ravage s'étendit d'un bout à l'autre de la Méditerranée. L'escadre que commandait l'amiral Hugon avait appareillé de Toulon pour se rendre aux îles d'Hyères : elle fut, en quelques instants, dispersée, et il fallut attendre plus d'un mois pour la revoir. Plusieurs des vaisseaux qui la composaient se trouvèrent en sérieux péril; la tempête les poussa jusqu'à la pointe méridionale de la Sardaigne. Les golfes de Palmas et de Cagliari les recueillirent. Si des vaisseaux de haut bord ont pu être ainsi malmenés par la tourmente, jugez de l'émoi d'une flotte de galères, quand un coup de vent soudain, un coup de vent imprévu, l'arrachait au rivage !

En 1567, les Maures de Grenade se révoltèrent : le roi Philippe II jugea nécessaire d'appeler en Espagne une partie des troupes qui servaient en Italie. Le grand commandeur de Castille, don Luiz de Requesens, fût envoyé à Gênes avec vingt-quatre galères, pour y prendre un corps espagnol détaché des garnisons du Piémont [1]. Chaque galère embarqua cent cinquante soldats. En partant de Gênes, don Luiz fait route pour Savone et Villefranche, se rend de sa personne à Nice pour y entendre la messe, puis continue, sans plus de

[1] *Le Memorie di un uomo da remo* (1565-1576). Manuscrit de la Bibliothèque de Venise, publié par M. Vecchi. Roma, 1884; Forzani.

délai, son chemin. Le dimanche de Pâques, il passe en vue des îles d'Hyères, jette un pied d'ancre sous le cap Sepet, fait communier tout son monde et remet sous voiles. Arrivé le soir même en rade de Pomègue, il croit qu'il n'a qu'à se présenter pour que la chaîne de la darse s'abaisse devant lui. On n'entre pas dans le port de Marseille avant d'avoir salué la ville. La sommation ne rencontre qu'un refus hautain : le grand commandeur ne saluera pas. A sa guise! Mais alors qu'il s'éloigne, ou le canon des forts ne tardera pas à l'y obliger. L'escadre espagnole prend le parti de rester en rade. Huit jours se passent : le neuvième jour, on voit venir du côté de l'Espagne une masse de vaisseaux; don Luiz de Requesens se porte à la hauteur des îles pour reconnaître cette escadre. Les vaisseaux filent comme une flèche dans la direction du Levant : ce sont les vaisseaux de Jean-André Doria. Comment! les vaisseaux de Doria tiennent la mer, et ceux du roi d'Espagne resteraient au port! Requesens ordonne au patron de la capitane de tout disposer pour l'appareillage. Des vingt-quatre galères rangées sous les ordres du grand commandeur de Castille, dix appartenaient au grand-duc de Toscane. Le commandant de cette division, Alphonse d'Aragona, frère de Jacques d'Aragona, seigneur de Piombino[1], s'embarque dans sa frégate[2] et, fort alarmé par les préparatifs de départ qu'il voit faire, se rend à bord de la galère du général. « Excellence, dit-il à Requesens, ce n'est pas un temps à mettre sous voiles. Si nous étions en mer, nous n'aurions qu'à chercher au plus vite un abri. — Doria fait route, réplique Requesens ; c'est une honte pour nous de demeurer au mouillage. » La situation des deux flottes pourtant n'est pas

[1] « Vers l'année 1390, nous raconte de Thou, un certain Jacques Appiani, ainsi appelé d'un village de ce nom dans le territoire de Pise, massacra Pierre Gambacorte, tyran de cette ville, ainsi que ses enfants. Soutenu des Siennois et de Galéas Visconti, il rendit ce dernier maître de Pise. Visconti lui donna en échange la ville de Piombino. Telle fut l'origine de la maison des Appiani. Jacques eut pour successeurs : Gérard son fils, Jacques II, Emmanuel, Jacques III, Jacques IV et Jacques V qui mourut en 1548, ne laissant qu'un fils en bas âge. » Ce fils prit le nom de Jacques VI : après bien des traverses, la principauté de Piombino lui fut, en 1557, assurée par le roi d'Espagne, Philippe II. Attaché à la fortune des ducs de Toscane, Jacques VI vécut la plupart du temps à la cour de Florence. Cosme de Médicis voulait alors se donner une marine : en 1560, il créa sur le modèle de l'Ordre de Malte l'Ordre religieux et militaire de Saint-Étienne ; en 1564, il nommait Jacques VI capitaine général de ses galères. Don Alfonso Appiani d'Aragona, chevalier de Saint-Étienne depuis l'année 1563, fut d'abord le lieutenant de son frère Jacques VI. Il lui succéda dans le commandement des galères de Toscane, quand Jacques VI, combattant en 1568 contre les Turcs, eut été grièvement blessé.

[2] La frégate était, dans les escadres de galères, un petit navire à rames.

la même : Doria fait route à l'est, et la flotte de Philippe II aurait à traverser dans un sens contraire le golfe de Lyon. Toutes les objections sont inutiles : rien n'ébranlera la résolution de l'opiniâtre commandeur, cruellement blessé dans son orgueil. « Les galères de mon maître, Son Altesse Sérénissime le grand-duc de Toscane, ont été mises au service de Sa Majesté le roi Philippe, dit avec fermeté Alphonse d'Aragona; je ne puis m'opposer à la volonté de Votre Excellence. Dans ce voyage, vous êtes mon supérieur, et je suis entièrement dévoué au Roi. Il était de mon devoir de vous faire observer que le temps n'est pas favorable; maintenant, que Votre Excellence agisse comme il lui plaira! S'il résulte de sa décision quelque dommage pour la flotte du grand-duc, c'est à vous que le grand-duc devra s'en prendre. — Je veux partir! » répète obstinément le commandeur. On ne tirera pas de lui autre chose. Don Alphonse retourne à son bord; Requesens fait incontinent sonner la trompette et incontinent aussi lever l'ancre. Les autres galères imitent, bon gré, mal gré, la manœuvre de la capitane. Toute la flotte a sarpé le fer; toute la flotte est bientôt en marche.

On vogue ainsi pendant près d'une heure pour

sortir du golfe. Il restait un secret espoir à l'amiral toscan. « Quand le commandeur, se disait-il, verra plus clairement le temps qui règne au large, il n'hésitera sûrement pas à revenir au mouillage. » Don Alphonse connaissait vraiment bien l'entêté! On n'était pas à un mille de l'entrée de la rade que Requesens donne l'ordre de lever rames et de déployer la boufette. Alphonse, plus inquiet que jamais, veut tenter un dernier effort. Il s'approche de la capitane : « Seigneur, fait-il crier à Requesens par son patron le vieux Tiragallo, marin consommé dont toute la flotte est habituée à respecter les avis, seigneur, prenez-y garde ; ce n'est pas là un temps pour nous. Si nous continuons, nous nous exposons tous à sombrer. » Tiragallo parlait encore que le grain éclate : la mer, en un instant, fouettée par la rafale, devient énorme ; on est aveuglé par des torrents de pluie. Requesens, à cette heure, donnerait gros pour pouvoir regagner le rivage. Il est trop tard : ni le vent ni la mer ne permettent de rebrousser chemin. Recommander son âme à Dieu et s'abandonner à la vague, c'est tout ce qu'un chrétien, pour le moment, peut faire. Ce fut un désordre inexprimable : des galères essayaient de tenir la cape ; d'autres, désemparées, fuyaient vent arrière. Dès la première nuit, deux vaisseaux s'abordèrent. L'un était presque neuf, l'autre vieux et cassé; ce dernier coula presque à pic, entraînant tout son équipage dans le gouffre. Semblable à un troupeau éperdu, les voiles déchirées, la palamante en pièces, la plupart des galères coururent jusqu'en Sardaigne.

« Quelle tempête, dira-t-on, pour le mois d'avril! » N'est-ce pas dans la nuit du 20 au 21 mai qu'en vue du cap Sicié, le vaisseau de Nelson, le *Vanguard*, perdit, en l'année 1798, ses deux mâts de hune et son mât de misaine[1]? Le printemps a parfois des colères d'hiver. Alphonse d'Aragona trouva un refuge dans la baie d'Alghieri; deux de ses vaisseaux atteignirent, plus au sud, le mouillage de l'île Saint-Pierre, un troisième rencontra un abri à l'entrée du golfe d'Oristano ; deux galères et une galiote naufragèrent dans les mêmes parages et perdirent beaucoup de monde; une troisième galère, la *Florence,* fut deux fois sur le point d'atterrir à la côte barbaresque, et, deux fois repoussée par le vent, alla faire tête dans la baie de

---

[1] Voyez dans les *Guerres maritimes sous la République et l'Empire.* (Charpentier, éditeur, 13, rue de Grenelle Saint-Germain.) Tome Ier, chapitre xv, page 205.

Cagliari. La capitane de Gênes fut emportée plus loin encore ; elle dépassa le golfe de Tunis, donna dans le canal de Malte et ne s'arrêta que sous la Pantellerie. Deux navires enfin disparurent complétement : on n'en eut jamais de nouvelles. Le grand commandeur de Castille gagnait, pendant ce temps, à grand'peine la baie de Palamos, en Espagne. Qu'était devenue son escadre? Il eût été bien embarrassé de le dire. Que Dieu prenne en pitié les pauvres gens que son imprudence a conduits à la mort! Des vingt-quatre galères sorties de la rade de Marseille, douze périrent. Les douze autres n'en valaient guère mieux : il fallut de grosses sommes pour les réparer.

« Qui a traversé le Raz de Sein sans malheur, disait un vieux proverbe breton, ne l'a pas traversé sans peur. » Qui s'embarquait sur un navire à rames au quinzième et au seizième siècle, pour traverser le golfe de Lyon, ne trouvait pas un oreiller plus doux. Les souverains eux-mêmes, — les souverains surtout, — accomplissaient rarement ce périlleux voyage sans quelque fâcheuse aventure : les éléments semblaient mettre je ne sais quelle secrète malice à semer sur leur route brouillards et tempêtes. De plus, — la jetée de Calais, les abords de Douvres et la rade de Marseille en savent quelque chose, — les pilotes sont rares qui conservent leur sang-froid dans cette atmosphère troublante que la majesté des rois répand autour d'elle. Quand, le 15 juillet 1538, l'empereur Charles-Quint, accompagné de vingt galères françaises, partit de Marseille, sur la capitane d'André Doria, pour se rendre à Aigues-Mortes, où l'attendait le roi François I*er*, il n'était pas à dix milles du port qu'il s'éleva un brouillard si épais qu'on ne pouvait de la poupe distinguer ce qui se passait à la proue. La nuit survint et fut très-laborieuse. Quelques galères françaises faisaient route au midi ; d'autres, sans le soupçonner, se dirigeaient à l'est ; il y en eut qui retournèrent, égarées, à Marseille. Dépourvues probablement de boussoles, toutes s'imaginaient faire bonne route vers Aigues-Mortes. L'escadre de Charles-Quint, s'en fiant, au contraire, à l'aiguille aimantée, dont l'usage était depuis quelques années devenu général sur la flotte espagnole, gardait le cap à l'ouest. Dans ce désordre, des collisions nombreuses se produisirent : la galère de l'empereur fut abordée par une autre galère qui lui mit son gouvernail en pièces. On naviguait à la voile, le vent était très-frais : la situation devint bientôt critique. L'Empereur, le prince Doria ne se couchèrent pas de la nuit : de tous côtés on tirait des coups de canon pour essayer de rallier les galères. Celle du cardinal Granvelle avait donné sur une roche et demandait par signaux du secours. La brume ne se dissipa que le lendemain vers midi. On reconnut la terre : la galère capitane se trouvait à dix milles d'Aigues-Mortes ; le gros de la flotte en était encore à plus de trente milles. A huit heures du soir, toute la flotte jeta l'ancre à un mille du port, fort émue de sa traversée.

Qu'eût-ce donc été si les corsaires barbaresques se fussent mis de la partie? Au mois de septembre 1575, quatre ans après la bataille de Lépante, Cervantes, embarqué sur la galère espagnole *le Soleil,* allait, en compagnie de son frère Rodrigue, de Pero Diaz Carillo de Quesada, ancien gouverneur de la Goulette, et de beaucoup d'autres personnes de marque, chercher dans sa patrie un repos noblement gagné. Le 26 septembre, le *Soleil* tomba au milieu d'une escadre de galiotes commandée par l'Albanais Mami, amiral d'Alger : trois vaisseaux algériens attaquèrent la galère espagnole. Après un combat opiniâtre, il fallut se rendre. Cervantes, emmené captif dans Alger, y resta prisonnier cinq ans. Après mille péripéties plus émouvantes les unes que les autres, il finit par être racheté au prix de 500 écus d'or, environ 20,000 francs. Sa fortune ne se releva jamais de ce coup funeste.

CHAPITRE VI.

LA GALÈRE EN CAPE.

Quelque soin que puissent prendre les galères pour éviter de se trouver de nuit à la mer, le temps ne leur permettra pas toujours d'atteindre un port suffisamment sûr avant le coucher du soleil. Le ciel s'obscurcit, le vent force, le général a jeté plus d'une fois un regard tout chargé d'inquiétude à l'horizon. Il se décide enfin à faire amener les antennes, puis se tournant vers le pilote réal :
« Pilote réal, dit-il, faites le signal de la boufette ! »
A ce signal, chaque capitaine s'empresse de faire tirer la boufette d'en bas, de la prolonger sur la coursie et de la férir sans attendre d'autres ordres. Dès que la boufette est férie à bord de la galère réale, le comite réal fisque pour avertir la chiourme, puis commande aussitôt : *Hisse tout d'un temps!* La boufette établie, on s'occupe de férir et d'injonguer, — de lier avec des joncs, — le trinquenin. Les commandements se suivent et se pressent :

Hisse le trinquet! d'abord, puis, dès que l'antenne est à poste : *Casse trinquet tout d'un temps!*

Sous la boufette et le trinquenin, la galère nous représente un vaisseau naviguant avec deux ris aux huniers : on n'ira pas bien loin sous cette allure, le vent se hale toujours de plus en plus de l'avant, et il devient difficile de gouverner en route. Il faut se résoudre à se défaire de la voile de proue et redresser la galère que le trinquenin faisait trop abattre, à l'aide de la boufette et des rames : *Amène et plie le trinquenin*. Aussitôt que le trinquenin est amené et plié, on hisse l'antenne de trinquet au tiers de l'arbre et l'on mole d'avant, — c'est-à-dire on mollit le palan d'amure, — pour tenir la penne basse.

Malgré la boufette et les rames, la galère continue d'abattre du côté de la terre; la chiourme est sur les dents. Il n'y a plus qu'un parti à prendre : il faut céder au vent et courir fortune, — ce que nous appelons à bord de nos vaisseaux : faire vent arrière. Il est heureusement plus d'un port sur la côte : pour en rencontrer un qui nous soit accessible, il suffira de revenir sur nos pas; seulement, hâtons-nous.

« Pilote réal, nous allons pouger avec le tréou!

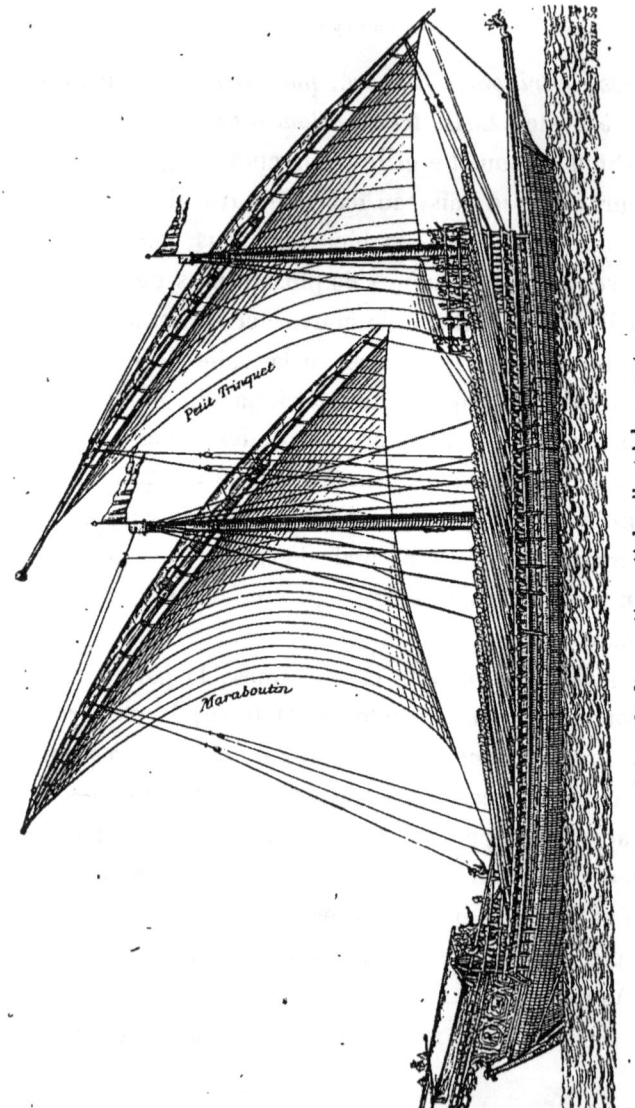

Galère du dix-septième siècle allant à bon vent.

Notre homme, avertissez pour amener la mestre! »

Le pilote réal fait sur-le-champ le signal du tréou; le réal fisque et commande : *Amène la mestre tout d'un temps!* Chaque capitaine a déjà son tréou préparé et lié d'avance sous l'antenne de mestre. On hisse la vergue de tréou à l'arbre de mestre, on borde la voile et l'on court vent arrière. Trop de temps, par malheur, a été perdu, le port de refuge est éloigné, la nuit vient; il faut se résigner à mettre à la cape pour attendre le jour. Un coup de canon tiré par la réale fait connaître cette résolution du général à l'escadre : chaque capitaine se prépare à exécuter la manœuvre prescrite : *Mole le bras de l'escotte de la drette! Alle la bonique en son lieu! Casse à poupe la sénestre et alle la bouline à la droite!*

C'est donc sous le tréou, avec une voile carrée hissée en tête de l'arbre de mestre, amurée sur l'avant, bordée sur l'arrière et bien boulinée, avec une voile occupant le centre du navire, comme la grand'voile à bord de nos vaisseaux, que les galères vont, suivant l'expression consacrée, caper tribord amures. Néanmoins, quand une galère se trouve désemparée, par un coup de mer ou par un coup de canon, de son gouvernail, il est préférable de tenir la cape sous le polacron. De toute façon, il faut toujours, comme première manœuvre, amener le trinquet.

Une galère ne se comporte pas trop mal à la cape, quand les précautions indiquées par une vieille expérience sont bien prises. Il est sage de transporter la palamante de l'apostis sur le second filaret[1]. Les rames seront ainsi plus élevées au-dessus de l'eau et risqueront moins de se briser dans les mouvements de roulis. C'est ce qu'on appelle en terme de galère : mettre les rames sur les filarets. Nous vous conseillons cependant de laisser les quartiers de proue à leur poste et de vous tenir prêts à les faire voguer, si jamais la galère menaçait de prendre vent devant, ce qui occasionnerait un dangereux mouvement d'aculée et obligerait à mettre bas précipitamment l'antenne de mestre. Rentrez à bord le couronnement et la bancasse de poupe, dégagez la timonière de tous les objets qui l'encombrent, retirez les deux bâtardes en arrière, faites descendre dans la coursie les matelots qui se trouvent d'ordinaire sur les rambades, soulagez en un mot, par tous les

---

[1] Les filarets sont une série de cordons extérieurs.

moyens possibles, le devant de la galère et attendez ainsi patiemment que le vent calme ou que le jour paraisse. Pour ne pas s'aborder et ne pas s'égarer pendant la nuit, les galères arboreront toutes un fanal à la penne de mestre. L'épreuve, je ne puis vous le dissimuler, sera rude : elle le sera du moins pour des marins que la couche de duvet de la civilisation n'a, hélas! que trop amollis.

Est-ce que les *coups de cape* se comptaient chez ces rudes champions du Nord, qui se faisaient gloire « de ne jamais chercher de refuge sous un toit, de ne vider leur cornet à boire auprès d'aucun foyer[1] »? Nous admirions les canotiers d'Athènes : quelle admiration mal placée! Est-il permis de se dire marin, quand on ose se plaindre « d'avoir passé une nuit en pleine mer, sans manger, sans dormir, dans une saison critique, à cette funeste époque du coucher des pléiades, où l'obscurité, déjà si pénible et si périlleuse, peut à chaque instant devenir plus affreuse encore par l'orage »? Voilà les propos que vous entendrez sur la trière;

[1] Vóyez, dans la *Marine des Ptolémées et la marine des Romains* (E. Plon, Nourrit et Cie, éditeurs), tome Ier, chapitre v : « Ce que peut et ce que doit faire de nos jours une marine maîtresse de la mer. » Chapitres ix, x, xi : « Les flottilles des Goths et les exercices de débarquement. »

Barras de La Penne et le capitaine Pantero Pantera les ont retenus : ils les répètent avec une émotion qui ne fait que médiocrement honneur aux marins de la Méditerranée. A bord du *Drakar*, ce sont d'autres accents qui frapperont votre oreille : le pirate y redit gaiement ses vieux refrains de guerre, pendant que le vent déchaîné rugit et que la barque robuste passe à travers la vague, comme la main d'un enfant dans la crinière d'un lion apprivoisé. Même aux jours de Ruyter, les Suédois et les Norvégiens seront encore réputés les premiers matelots du monde; ces hommes doux et forts descendent en droite ligne des Edelingues, qui ont conquis l'Islande et découvert le Groënland, probablement même l'Amérique. Ils ne songent plus « à brandir le glaive, à enlever les biens et à tuer les hommes »; ils fendent toujours les mers de glace dans leurs bateaux, et, après s'être montrés aux populations étonnées de la Sibérie, vont, à travers le détroit de Behring, déployer le drapeau scandinave sur les côtes de l'île Zipangri et du Cathay : Sébastien Cabot en a dû tressaillir de joie dans sa tombe. Heureux les souverains qui trouveront de tels sujets pour monter leurs flottilles! La Manche est un fossé, la mer du Nord un lac, quand on sent, calme et fier, battre dans sa poitrine le cœur des Sœkongar. Si, au lieu de soldats romains, Germanicus eût embarqué des Cimbres et des Teutons, sa flotte eût probablement évité le naufrage : Tacite ne nous aurait pas découragés[1].

Retournons à bord de la capitane : elle flotte encore, n'est-ce pas? Pourquoi donc tant gémir? Est-ce une si grosse affaire de voir « entrer l'eau dans ses souliers par le collet »? Dès que les premières lueurs du jour commencent à poindre, le général compte avec anxiété ses galères. Dieu soit loué! Il n'en manque aucune à l'appel. Le pilote réal reconnaît son terrain; on peut en toute confiance pouger pour aller prendre le port. Le vent est encore assez frais : nous nous contenterons du tréou : *Pouge! Mole la bouline et la bounique! Casse à poupe l'escotte! Hale le bras dret et tout d'un temps! Mole l'escotte et le bras de la sénestre!*

Le sillage devient à l'instant rapide; en quelques heures, on a gagné la rade. Il est maintenant prudent de se débarrasser du tréou, de l'embrouiller — en d'autres termes, de le carguer — et de l'envoyer serrer sur sa vergue : *Ambroille!*

---

[1] Voyez, dans la *Marine d'autrefois* (E. Plon, Nourrit et Cie, éditeurs, 10, rue Garancière), « Les grandes flottilles ».

Quatre hommes d'haut à plier le tréou! Défournelle et vogue tout d'un temps! Le général s'est porté à proue, avec le pilote et le comite, pour mieux voir à prendre port, — opération toujours fort délicate par' un gros temps. « Notre homme, dit-il, faites allester les deux fers et un cap pour porter à terre ! » Les fers sont bientôt lestes, — c'est-à-dire préparés, — et mis en mouillage; les proyers — ceux qu'à bord de nos vaisseaux on appelle les gabiers de beaupré — se portent sur l'éperon. Le pilote réal prévient le général que le moment est venu de mouiller : « Notre homme, avertissez! Faites maintenant donner fonde! » Sur l'ordre du comite, le fer est jeté à la mer; on colume la gume, — vous comprenez, j'espère, qu'on file le câble, — jusqu'à ce qu'on soit assez près de la côte pour y mettre un cap, — c'est-à-dire pour y envoyer une amarre. Les six proyers sautent à l'eau et vont porter le cap au rivage.

CHAPITRE VII.

ENTRÉE DE LA GALÈRE DANS UN PORT AMI. — EXERCICES DE LA CHIOURME AU MOUILLAGE. — DON QUICHOTTE ET SANCHO PANÇA A BORD DE LA GALÈRE DU COMTE DE ELDA.

C'est ainsi qu'une flotte arrêtée par le gros temps ou par le vent contraire vient chercher un port de relâche : tout autres sont ses allures quand elle fait son entrée solennelle dans quelque port ami, par une belle journée de printemps, d'été ou d'automne. Plus de voiles alors, mais une vogue à la fois lente et majestueuse, une chiourme attentive aux coups de sifflet et aux ordres multipliés du comite.

Quelques instants avant d'entrer au port, le comite fisque sur l'ordre du général et, peu après, commande : « Lève rem ! Palamante égale ! » Tous les avirons sortent à la fois de l'eau et s'alignent; tous les soldats se préparent à tirer : « En joue tout le monde ! Tirez ! » À ce commandement, les arquebusiers font feu ; les bombardiers amorcent et soufflent leurs mèches. Pour être majestueux, le salut de l'artillerie doit s'exécuter avec ensemble. Un cap de garde est monté au haut de la penne de mestre de la réale : il tient la bannière de Sainte-Barbe à la main; il la tient haute et droite. Dès qu'il apparaît, les bombardiers à bord de chaque galère saisissent leur boute-feu. Le cap de garde abaisse brusquement la bannière : les bombardiers de la réale mettent le feu à la première bâtarde. A l'instant même, la tempête d'artillerie éclate; le feu s'est prolongé en quelques secondes sur la ligne. Les tambours et les trompettes mêlent leurs longs roulements et leurs plus brillantes fanfares aux retentissantes volées des bâtardes et des moyennes. Un nuage de fumée enveloppe la rade, et chaque explosion nouvelle secoue jusque dans leurs fondements les maisons du port. Le général promène autour de lui un regard satisfait : c'est la puissance de son souverain qui s'affirme.

Lorsque l'armée de saint Louis débarqua en Égypte, ce fut, au dire de Joinville, le comte de Jaffa qui « aborda le plus noblement ». A l'extérieur et à l'intérieur, sa galère était peinte d'écussons à ses armes; mise en mouvement par trois cents rameurs, elle avait pour chaque rameur une targe

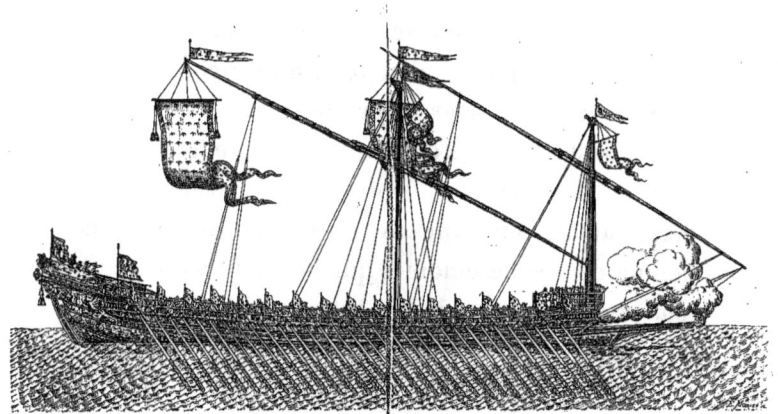

Grande réale entrant dans le port.

aux armes du comte, surmontée d'un pennon avec armoiries dorées. Les avirons battaient l'eau en cadence pendant que les timbales, les tambours et les cors sarrasins qui se trouvaient à bord menaient si grand bruit qu'on eût cru entendre le fracas du tonnerre. Le comte échoua sans hésiter son navire à la plage : les chevaliers purent descendre sur le sable à pied sec. Saint Louis, au contraire, avait dû sauter de son vaisseau dans la mer et gagner le rivage l'écu pendu au cou, la lance en main, le heaume en tête et de l'eau jusqu'aux aisselles. L'entrée de don Juan d'Autriche dans le port de Messine, sans avoir été, comme le débarquement sur la plage de Damiette, une opération de guerre, n'en est pas moins restée célèbre. Nos pères attachaient une extrême importance à la pompe de ces cérémonies qui flattaient sans doute leur orgueil, mais qui avaient aussi l'incontestable avantage d'exalter les esprits et d'exciter le zèle.

Aussitôt que la fumée des saluts s'est dissipée et que l'infanterie a posé les armes, ordre est donné au quartier de proue de voguer. La flotte se dirige à pas comptés vers le mouillage. Chaque galère donne fonde au fur et à mesure qu'elle arrive à son poste. Toutes les galères ont jeté le fer : le comite

6.

réal avertit la chiourme « qu'il faut mettre le caïcq à la mer », et bientôt après « qu'il faut dresser la tente ».

Voilà donc la galère revenue au mouillage : jetons un dernier coup d'œil à bord. Après quelques jours de repos, la chiourme a repris ses exercices : un capitaine soigneux n'aura garde de laisser les bras des forçats se rouiller; l'exercice de la vogue deviendra le fructueux passe-temps de l'équipage objet de sa sollicitude. Cet exercice ne s'exécutait pas, comme la charge du fusil, en douze temps; il s'exécutait en dix-huit. Chaque temps était marqué par un coup de sifflet.

1ᵉʳ *temps*. La chiourme se dresse en pieds. — 2ᵉ *temps*. Elle ôte le bonnet et le capot. — 3ᵉ *temps*. Elle enlève la chemise. — 4ᵉ *temps*. Elle s'assied sur le banc. — 5ᵉ *temps*. Elle met le pied droit sur la pédague. — 6ᵉ *temps*. Elle empoigne les rames. — 7ᵉ *temps*. Elle plonge les rames dans l'eau. — 8ᵉ *temps*. Elle relève les rames et les fournelle. — 9ᵉ *temps*. Elle se dresse en pieds. — 10ᵉ *temps*. Elle prend en main la chemise. — 11ᵉ *temps*. Elle secoue la chemise pour en faire choir les poux. — 12ᵉ *temps*. Elle revêt la chemise. — 13ᵉ *temps*. Elle prend en main le capot. — 14ᵉ *temps*. Elle

secoue le capot. — 15ᵉ *temps*. Elle revêt ce capot.
— 16ᵉ *temps*. Elle prend le bonnet. — 17ᵉ *temps*.
Elle le secoue. — 18ᵉ *temps*. Elle le met en tête.

« Le comité, nous apprend Jean-Jacques Bouchard avec cette fidélité minutieuse qui le caractérise, se promène par la coursie, regardant si quelqu'un manque ou feint de tirer, et lors il le redresse avec son cercle ou avec son gourdin, et ne bat pas seulement celui qui manque, mais encore les quatre autres du même banc. Il y en a quelquefois de si opiniâtres qu'ils se laissent écorcher tout le dos plutôt que de tirer. Quand c'est à quelque rencontre d'importance, l'on ne se sert pas seulement du bâton, mais encore de l'épée... Là se voit toute la misère, ordure, saleté, puanteur et infirmité humaine... Il n'y a jour qu'il n'y meure quelqu'un... » — « Il ne faut jamais aller là dedans, ajoute le prudent voyageur, qu'avec quelque officier, car, autrement, les forçats vous font mille niches : entre autres, ils soufflent des cornets pleins de poux sur les habits... Le moins qu'ils puissent faire, c'est de vous ôter vos éperons, sous prétexte que la galère marche assez vite d'elle-même. »

Nous rencontrons ici l'immortel soldat de Lépante complétement d'accord avec l'auteur du *Voyage de*

Paris à Rome. Quand don Quichotte monte à bord de la galère du comte de Elda, toute la chiourme le salue de trois acclamations : debout sur l'espalle, le comte tend la main au chevalier, l'embrasse, le conduit sous la poupe et le fait asseoir, ainsi que son fidèle Achate, sur les bandins. Toute cette belle courtoisie n'est qu'un piége : le comte s'est promis de faire aux deux singuliers personnages qui ont en ce moment le privilége d'occuper sans partage l'attention publique une réception dont l'un et l'autre garderont certainement le souvenir toute leur vie. Le bon Sancho se trouvait à portée de bras du vogue-avant de la bande droite. Cet espalier, à qui l'on a donné le mot, saisit tout à coup l'honnête écuyer par le pourpoint et l'enlève comme une plume. Avant que Sancho ait pu se reconnaître, le rameur du second banc l'a reçu des mains de l'espalier; il le transmet, avec la même prestesse, au forçat placé derrière lui. Sancho voltige de banc en banc jusqu'à la couille. Les forçats de la bande droite le jettent alors aux forçats de la bande gauche; Sancho, en un clin d'œil, se voit ramené à l'entrée de la poupe. Il retombe sur l'espalle, haletant, étourdi, trempé de sueur et tout moulu de son voyage aérien. Le comte de Elda n'a pas sourcillé; chacun, à son exemple, garde le plus imperturbable sang-froid; don Quichotte seul n'a pu s'empêcher de manifester quelque étonnement. A la vue de Sancho volant si bien sans ailes, il se tourne vers le général : « Est-ce là, seigneur comte, lui dit-il, l'étiquette habituelle quand vous recevez à bord de vos galères des personnes de marque? Je serais bien aise de le savoir, car je n'ai pas l'intention de me prêter à semblable cérémonie, et, par Dieu, si quelqu'un des vôtres s'avisait de porter la main sur moi, il aurait bientôt rendu l'âme; je lui plongerais mon épée dans le ventre jusqu'à la garde. »

CHAPITRE VIII.

LES ARMES EN COUVERTE.

Le vaillant chevalier de la Manche ne prenait peut-être pas là un trop mauvais moyen de mettre un terme aux gaietés du bagne. Aimez-vous les « faiseurs de niches » ? Je n'éprouve, pour ma part, qu'un très-médiocre goût pour ces gens d'esprit. Qu'ils mériteraient bien la plupart du temps, ces mystificateurs, quand ils vont, suivant l'expression du proverbe espagnol, *chercher de la laine,* de revenir tondus ! Berner Sancho Pança, railler le naïf enthousiasme d'un fou dont l'occasion aurait fait un héros, je ne saurais appeler cela plaisir de chevalier. Si j'avais reçu un tel couple à bord du *Magenta,* en l'année 1870, j'aurais certainement reconnu de tout autre façon l'honneur de sa visite. En pareil cas, il n'y a qu'une politesse qui convienne : il faut, pour peu que les circonstances s'y prêtent, offrir à ses hôtes le glorieux spectacle d'un branle-bas de combat. Si complet, si sagement entendu que puisse être l'armement d'un navire, il y eut de tout temps bien des dispositions de détail à prendre, avant d'en venir aux mains avec l'ennemi. *Mettre les armes en couverte* répondait, sur les galères du quinzième et du seizième siècle, à notre branle-bas de combat : l'opération était cependant plus longue et plus compliquée. On commençait par établir sur la couverte, à l'aide de rames liées ensemble et fixées par des amarrages aux filarets, trois retranchements intérieurs, qu'on appelait bastions sur les galères de France. Le pont se trouvait donc coupé en trois endroits par des traverses qui servaient de supports à de véritables barricades. Là s'entassaient, entre deux murs de toile, des tronçons de vieux câbles, des balles de laine, les grosses tentes d'herbage, les matelas et les capots de la chiourme. Le premier retranchement prenait naissance un peu en arrière des rambades, le second à la hauteur de l'arbre de mestre, le troisième en avant de la dunette désignée à bord des galères sous le nom de poupe et de tabernacle. La plate-forme des rambades et les pavois de chaque bord étaient garnis de la même façon, formant ainsi à proue, et sur les deux côtés, un rempart qu'on s'efforçait de rendre impénétrable aux arquebusades et à la mitraille. Deux autres postes servaient également à disputer le terrain pied à pied : c'était, à tribord, le fougon, c'est-à-dire la caisse carrée qui servait de cuisine; à bâbord, le caïcq, — en d'autres termes la chaloupe. — On y plaçait les plus vigoureux soldats, sous le commandement des officiers les plus résolus. En effet, ce défilé franchi, ce boulevard enlevé, la poupe elle-même était en péril. Les défenseurs du fougon ne pouvaient reculer sans honte : ils devaient tomber où on les avait placés, se rappelant que derrière eux flottait l'étendard.

Au temps de l'empereur Léon et même au temps plus rapproché de nous des grandes républiques italiennes, quand la chiourme était libre, tous les rameurs devenaient au besoin des combattants. Ils se présentaient armés de pied en cap, portant boucliers, casques et cuirasses, brassards et cuissards : on leur donnait des javelots pour le combat à distance, des piques et des épées pour le combat corps à corps. Si les armures de fer venaient à manquer, on y suppléait par un justaucorps de buffle recouvert d'un fort tissu de cordes à boyau. Le dromon avait aussi ses archers et ses lithoboles. « Le caillou est une fort bonne arme », observe, dans un des paragraphes de ses *Institutions militaires,* l'empereur Léon le Sage, qui ne semble pas avoir fait en personne l'épreuve de ses prescriptions : fort bonne peut-être avant l'invention de la poudre, mais la carraque de la Mecque incendiée par Vasco de Gama à l'entrée de la mer Rouge, et le galion de Manille assailli par Cavendish dans l'océan Pacifique, apprendront à leurs dépens que les lithoboles, avec leur fameux *cochlax,* ne sont pas de taille à tenir tête à des bombardiers. Les Sarrasins eux-mêmes, dès le neuvième siècle, ne se laisseront guère intimider par ces éclats de pierre. Ils croiseront leurs boucliers au-dessus de leurs têtes, recevront l'averse sur ce toit imité de la tortue romaine et attaqueront ensuite avec leurs épées et avec leurs longues piques des gens dont le bras se sera inutilement fatigué.

Au seizième et au dix-septième siècle, les armes offensives se composaient d'arquebuses, de hallebardes, de masses d'armes, de piques et d'épées. L'épée à deux mains produisait, sur une arène aussi étroite et aussi encombrée que l'était le pont d'une galère, d'épouvantables ravages. On vit, à la journée de Lépante, le vieux Canale sauter de galère en galère et faire, à l'aide de son espadon, de larges abatis de Turcs devant lui. En fait d'armes défensives, les officiers portaient généralement la rondelle ou la targe, le jaque de mailles, avec le cabasset. On donnait aussi aux mariniers, — je dis aux mariniers, et non pas à la chiourme, — cabasset et rondelle. Quant aux forçats, à moins qu'on ne les déferrât, comme on le fit à Lépante pour la majeure partie des esclaves chrétiens, ils restaient entièrement désarmés à leurs bancs, obligés d'étouffer leurs cris d'effroi et de douleur en enfonçant, sous la menace du fouet de l'argousin, leurs bonnets, — *i barettini*, — ou le tap, — morceau carré de liége, — dans leur bouche.

Sur les galères ordinaires, le nombre des hommes d'épée rangés à la poupe, à la proue, entre les barricades, ou disposés tout le long des arbalétrières et de la coursie, était de deux cents environ; on comptait de trois à quatre cents combattants sur les capitanes et sur les galères à fanal. La galère à fanal, montée par un capitaine qui avait, dans la marine à rames, le rang que nous attribuons à nos chefs de division, servait, par la marque distinctive qu'elle arborait le jour et par le fanal qu'elle portait allumé la nuit, à multiplier les points de ralliement et les centres de direction.

Dès que les retranchements sont-achevés, on apporte sur la coursie du pain, du vin, du fromage. Ne faut-il pas être prêt à soutenir les efforts de la chiourme pendant le combat? Ce n'est certes pas le moment de lésiner. Les arquebusiers reçoivent ensuite l'ordre de poser leurs arquebuses sur les fourchettes de la pavesade; les bombardiers s'empressent de charger leurs pièces. Les projectiles dont on va faire usage seront aussi nombreux que variés : telle pièce ne contiendra que des boulets enchaînés ou des boulets ramés; telle autre sera bourrée, presque jusqu'à la gueule, de cailloux arrondis, d'éclats de pierres tranchantes et de balles de plomb. « Ce que je vous demande avec instance, écrivait don Juan d'Autriche au vice-roi de Naples, don Garcia de Toledo, quatrième marquis de Villafranca et général des galères de Sicile[1], c'est de me faire savoir le plus tôt possible si, dans votre opinion, une flotte qui se porte à l'encontre de l'ennemi doit ouvrir le feu la première ou laisser à l'ennemi l'initiative de l'attaque. — On ne peut, répond Toledo, tirer deux fois avant que les galères s'abordent : il faut donc, à mon sens, faire

---

[1] Messine, 31 août 1571.

ce que recommandent les armuriers, — tirer son arquebuse si près de l'ennemi que le sang vous saute au visage. J'ai toujours entendu dire, — et par des capitaines qui savaient ce qu'ils disaient, — que le bruit des éperons qui se brisent doit se confondre avec celui de l'artillerie qu'on décharge et ne produire en quelque sorte qu'un seul son. Quand on se propose de tirer avant l'ennemi, il y a cent à parier qu'on tirera de trop loin. Tel est mon sentiment. » Je me permettrai d'ajouter : Tel est aussi le mien. Dès l'année 1868, et dix ans même plus tôt, au moment d'entrer dans l'Adriatique, huit ans, par conséquent, avant la bataille de Lissa, j'écrivais : « Le jour où le navire est intervenu dans la lutte avec toute la puissance de sa masse, la déchéance de l'artillerie a commencé. Dans la situation relative où se trouvent aujourd'hui le navire et la bouche à feu, il n'est pas un amiral qui osât présenter le travers à l'ennemi avec l'espoir de l'arrêter ou de le détourner de sa route. C'est par le choc qu'il faut vaincre, contre le choc aussi qu'il faut se prémunir. Aux approches de la flotte qu'il va combattre, un vaisseau n'a rien de mieux à faire que d'imposer silence à ses canons : les faibles avantages qu'il pourrait se promettre d'un tir rendu bien incertain par la rapidité avec laquelle varie la distance, ne sauraient compenser les inconvénients du nuage de fumée qui viendrait l'envelopper à cet instant suprême où le salut dépend de la précision de la manœuvre[1]. »

[1] Voyez, dans la *Marine d'aujourd'hui*, à l'Appendice : Un essai de tactique navale. (Hachette et Cie, éditeurs, 79, boulevard Saint-Germain. Paris.)

Galère vue par la poupe.   Galère vue par la proue.   Page 114.

CHAPITRE IX.

LES GALÈRES DE MALTE. — SUPPRESSION EN 1748 DU CORPS DES GALÈRES DE FRANCE.

Les galères de Malte furent, pendant longtemps, la grande école de guerre de notre marine : il suffira de rappeler qu'elles nous ont donné Tourville. Je suis convaincu qu'aujourd'hui même ce ne serait pas pour un futur amiral perdre son temps que d'aller faire, avec M. de Romegas ou M. Durand de Villegaignon, une campagne de course dans l'Archipel. Il apprendrait là comment se pratiquent les abordages : « Les combats des galères, remarquait avec un juste orgueil l'éminent écrivain qui s'entendait si bien à soutenir la cause des bâtiments à rames [1], ne se font pas simplement à coups de canon. On ne fait, en s'abordant, qu'une seule décharge, puis on combat sur-le-champ à coups d'épée ou d'esponton et avec des grenades. On a,

---

[1] Barras de La Penne.

de cette manière, plusieurs retranchements à forcer avant qu'on puisse se rendre maître d'une galère. Pour peu qu'on veuille se bien défendre de part et d'autre, — ce qu'on est toujours obligé de faire lorsqu'il n'y a point de porte de derrière, — la perte de monde est toujours grande. »

La religion, — c'est ainsi que les cavaliers de Malte appelaient leur belliqueuse confrérie, — ne possédait plus, au dix-septième siècle, que sept galères. Nous avons tout lieu de croire, si l'on en juge par le rôle qu'un demi-siècle auparavant elles jouaient à Lépante, que ces sept galères étaient du moins des galères d'élite. La capitane était toujours peinte en noir; les six autres recevaient une ou plusieurs couches de peinture rouge. On choisissait le général parmi les grands-croix, le capitaine parmi les chevaliers. Ce capitaine avait auprès de lui, prêt à le seconder, à le remplacer au besoin, un officier qui prenait le nom de patron. Les fonctions du patron étaient simplement celles d'un premier lieutenant, — du lieutenant en pied, disait-on, il y a quarante ans, sur nos vaisseaux. — Le patron devait avoir fait profession, c'est-à-dire avoir prononcé ses vœux. Il ne pouvait être pris dans les frères servants : ces frères occupaient un rang trop inférieur dans la religion. Si le capitaine venait à mourir hors de Malte, le patron se trouvait de droit appelé à lui succéder : les chevaliers auraient tenu à déshonneur d'obéir dans ce cas à un frère servant.

Les chevaliers ne s'embarquaient qu'une heure avant le départ ; le patron seul couchait toujours à bord. L'équipage d'une galère de 26 bancs comprenait d'ordinaire 280 rameurs et 280 combattants, — 560 hommes en tout ; — l'armement consistait en 2 grosses pièces, — 1 canon de coursie de 48 livres de balles, 4 autres canons du calibre de 8, — et 14 pierriers. Pendant le combat, la défense de la poupe était confiée à 4 chevaliers et à 4 soldats, celle de la proue à 10 soldats, 4 chevaliers et 1 frère servant, qui, chargé de porter les ordres, était connu sous le nom de maître écuyer. Le second enseigne surveillait le tir des canons; le comite, le sous-comite, l'écrivain, le sous-écrivain, l'argousin, se tenaient sur la coursie; les courroirs et arbalétrières étaient remplis de soldats armés de mousquets. On comptait généralement deux de ces mousquetaires par chaque intervalle de bancs.

« Quand on va aborder un vaisseau, prescrivaient les règlements de la religion, aussitôt que la première décharge est faite, on saute dessus, *si l'on peut.* » Il ne demeure alors à bord de la galère que les chevaliers de la retenue de la poupe, le pilote, le timonier, le comite et le chevalier qui fait tirer le canon. Le capitaine peut aller depuis la poupe jusqu'à l'arbre de mestre, et le patron depuis l'arbre de mestre jusqu'au trinquet. Les mariniers des rangs, — les *buonevoglie,* — engagés à deux écus par mois, sont, la plupart du temps, quand arrive le moment de combattre, déchaînés. Ils doivent avoir l'œil sur les Turcs, et « on leur donne la permission de sauter sur la galère ennemie ». Quant aux blessés, on les porte dans les chambres de la galère, où les attendent l'aumônier et le chirurgien.

« Dans le combat, dit encore le règlement des galères de la religion, on n'observe point l'ancienneté. Va qui peut. Mais si les ennemis étaient extrêmement forts, on irait en bon ordre, c'est-à-dire chacun selon son ancienneté, et l'on canonnerait quelque temps avant d'aborder. » On serait bien sûr ainsi, me permettrai-je de faire observer, de n'aboutir à aucun résultat. *Extrêmement forts!* Que faut-il entendre par ce mot? L'expression n'eut probablement pas la même valeur à toutes les époques. « On ne doit éviter l'ennemi, ordonnait en

1342 le roi don Pèdre d'Aragon, que s'il se présente avec des forces doubles de celles dont soi-même on dispose. Deux galères catalanes n'hésiteront pas à combattre trois galères ennemies; avec trois galères vous en affronterez quatre; avec cinq, ne craignez pas d'en attaquer sept. » La doctrine de don Pèdre était-elle encore, au dix-septième siècle, celle des chevaliers de Malte?

Comme toutes les institutions de ce monde, la grande compagnie finit par dégénérer. L'amiral Lalande se rappelait fort bien, en 1840, avoir jadis connu, dans sa jeunesse, un de ces chevaliers, — qui, de sa vie, ne coupa tête de Turc, mais qui, en revanche, gardait des caravanes que les galères de la religion faisaient annuellement dans les mers du Levant, un très-fidèle, très-complet et très-intéressant souvenir. On menait alors joyeuse vie au mouillage de l'Argentière, petite île située presque en face de Milo, île à peu près neutre et déserte, d'où l'on ne bougeait guère. C'était ainsi qu'on s'imaginait continuer la tradition des Foulque de Villaret et des Pierre d'Aubusson. Suffren fut commandeur de Malte, puis bailli. Ce titre ne lui valut jamais qu'une prébende. Ce n'est pas, autant qu'il m'en souvienne, sur les galères des hospitaliers de

Saint-Jean de Jérusalem qu'il fit ses premières armes. Je n'ai lu nulle part que le vainqueur de Gondelour et de Trinquemalé ait appris, à l'exemple de Tourville, à battre les Anglais, en combattant les meilleurs alliés de son maître.

Constitué en 1481 et presque toujours recruté dans la plus haute noblesse, le corps des galères de France devança dans la tombe le corps des galères de Malte : il disparut — nous l'avons déjà dit — en 1748. Depuis plus d'un siècle déjà le corps des officiers de vaisseau, qui s'arrogeait le privilége de s'appeler le « grand corps, » supportait avec impatience la concurrence d'une marine jugée par les meilleurs esprits inutile, et, en ces temps d'embarras financiers, cruellement dispendieuse. « Les galères, écrivait en 1630 Jean-Jacques Bouchard, ne servent de rien qu'à consumer de l'argent. Elles seront des cinq ou six ans sans se mouvoir du port; les corsaires d'Afrique viennent poursuivre les vaisseaux jusque sur nos rades sans qu'elles remuent. La plus grande utilité qu'elles apportent, c'est qu'elles servent comme d'un enfer à tourmenter les méchants. »

« Inutile, la galère! s'écriait Barras de La Penne dans les volumineux manuscrits auxquels j'ai fait de si nombreux emprunts et dont je voudrais, en terminant, présenter encore une rapide et dernière analyse. Inutile! Mais qui donc, au mois d'août de l'année 1304, a vaincu les Flamands? Qui leur a pris soixante gros vaisseaux, noyé ou fait captifs plus de dix mille soldats? Qui eût, en 1340, changé le sort de la bataille de L'Ecluse, si la mer eût été moins grosse? Qui défendit, en l'année 1512, la côte de Normandie? Qui coula en 1545 la *Marie-Rose,* montée par le vice-amiral d'Angleterre? Qui embarqua, en 1548, à Leith, la jeune reine d'Écosse et l'alla débarquer à Brest, pendant que la flotte anglaise l'attendait entre Calais et Douvres? Dira-t-on que ce furent des vaisseaux ronds? Ne sont-ce pas des galères qui, en 1549, ont donné la victoire à Léon Strozzi, grand prieur de Capoue; des galères encore, qui, sous les ordres du baron de la Garde, ont repoussé, vers la fin de mai 1573, Montgomery et la flotte anglaise, prêts à ravitailler, sans leur intervention, le port de la Rochelle? »

En 1621, Louis XIII résolut d'en finir avec cette place forte toujours insoumise. Pour en venir à bout, il eut recours aux galères de Marseille. Dix galères passèrent le détroit et allèrent relâcher à Lisbonne. Le mauvais temps les y retint tout l'hiver. Le 10 avril 1622, elles purent enfin partir ; à la fin de mai, elles arrivèrent sur les côtes de France. Les rebelles assemblèrent soixante-dix vaisseaux : le Roi n'en avait que soixante-cinq ; il possédait heureusement aussi dix galères. On alla chercher les ennemis : on les trouva mouillés sur la rade de l'île de Ré, au-dessous de Saint-Martin. Aussitôt que la flotte anglaise s'aperçut qu'on faisait avancer contre elle les bâtiments à rames, elle mit à la voile. M. le duc de Guise monta sur la réale, rangea sur une ligne de front ses galères, les mettant à vingt toises environ l'une de l'autre. De leur première décharge, les canons de coursie firent un gros fracas. Les Rochelais pourtant avaient réussi à gagner le vent. Quand ils se furent approchés à portée de mousqueterie des vaisseaux, ils se crurent assez forts pour donner l'abordage. L'avant-garde soutint généreusement l'assaut : deux galères remorquèrent alors en cet endroit le galion de Malte, et certes le galion n'y fut pas d'un petit secours. Les Anglais perdirent dix navires et près de deux mille hommes. La flotte du Roi n'eut à regretter la perte d'aucun vaisseau ; elle n'eut que quatre cents tués ou blessés.

Le 1er septembre 1638, un combat non moins

rude s'engageait devant Gênes. Les capitaines espagnols, mouillés sur la rade de Vado, ne pouvaient se résoudre à combattre : leurs galères étaient cependant renforcées d'infanterie, et leur général leur avait déclaré ouvertement « qu'il demandait leur obéissance plutôt que leur avis ». La capitane d'Espagne fut prise par la capitane de France, après deux heures d'engagement, l'épée à la main ; la patronne de France emporta la patronne de Sicile ; la *Cardinale* enleva la patronne d'Espagne ; la *Richelieu* s'empara de la *Sainte-Francisque*. M. le commandeur de Vincheguerre se rendit maître de la *Bassiane* avec beaucoup de vigueur et de perte ; la *Sainte-Marie* dut céder à l'*Aiguebonne*. La *Valbelle*, il est vrai, la *Servienne* et la *Maréchale* restèrent au pouvoir des Espagnols : mais quelles héroïques défenses ! M. de Valbelle tint longtemps en échec trois galères qui l'avaient abordé : il ne perdit son bâtiment qu'avec la vie. Les capitaines de la *Maréchale* et de la *Servienne* furent mortellement blessés.

Le 27 mars 1641, l'archevêque de Bordeaux envoyait cinq de ses galères avec cinq vaisseaux assaillir cinq navires d'Espagne armés de quarante canons chacun. Pour se mieux défendre, ces cinq navires s'étaient échoués sous le canon de Rosas : le jour même, les galères les remorquèrent en triomphe à Cadaquez. L'artillerie des forts de Port-Vendres et la mousqueterie des troupes espagnoles ne protégèrent pas mieux une polacre et deux galères d'Espagne que l'archevêque fit attaquer, dès le lendemain, par la *Cardinale* et par la capitane. Le 13 avril de cette même année 1641, le fort des Alfaques se rendait, après trois heures de combat, aux galères de France. Et devant Barcelone, le 29 juin, le 1er juillet 1642, n'est-ce pas à ses galères que le duc de Brézé dut la gloire de voir fuir deux fois devant lui la flotte des Espagnols? On ne la revit plus de toute la campagne.

On objecte sans cesse la fragilité des galères, leur peu d'aptitude à tenir la mer. Était-ce un navire fragile, cette réale de France qui donna sur la sèche du cap de Gate? La roche lui emporta quinze ou vingt pieds de quille, la galère n'eut pourtant aucun membre rompu; elle arracha, au contraire, un morceau de la roche et navigua trois heures avec sa pierre au flanc, trouvant ainsi moyen de gagner le port. Une autre galère a été battue, pendant plus d'une heure, par les vagues contre des rochers pointus; les vagues ne sont pas parvenues à la briser. Toute une grande ville a pu voir l'abordage d'une galère qui, entrant au port de Marseille, rompit un pilier de pierres de taille de six toises de diamètre ; elle en renversa vingt grosses pierres, sans éprouver le moindre dommage. Un autre jour, une galère sort du port d'Agay à toute vogue : elle donne si rudement sur une sèche que le coup la fait reculer à plus d'une encablure en arrière. Un autre navire eût coulé sous le choc : la galère fait le lendemain 25 milles à la voile, mestre et trinquet déployés, avec une grosse mer debout, sans qu'il entre une goutte d'eau à bord.

« Je n'ignore pas, dit Barras de La Penne, le bruit qu'a fait, au mois de février 1700, la perte de la capitane de Malte ; cet accident a eu trop d'éclat pour n'être pas arrivé jusqu'à moi. La perte de la capitane fut causée par un abordage : les six autres galères qui l'accompagnaient trouvèrent un refuge à Corfou et à Zante, après avoir couru 400 milles environ vent en poupe. Si, depuis trente ou quarante ans, les Espagnols ont perdu plus de cinquante galères ; si, en 1693, vers la fin de novembre, il s'en fallut de peu que toute leur flotte pérît, est-ce aux navires ou aux capitaines qu'on doit s'en prendre? Feu M. le maréchal de Vivonne a souvent tenu la mer avec les galères du Roi, quatorze et quinze jours de suite; M. le bailly de Noailles, en plus d'une occasion, n'a pas craint d'imiter cet exemple. N'a-t-il pas, de nos jours, mené en un mois quinze galères de Rochefort au Havre? N'a-t-il pas ensuite conduit cette escadre en Angleterre et favorisé la descente qu'on y fit en 1690? Combien de fois n'a-t-on pas vu des galères donner chasse en pleine mer à des vaisseaux de guerre qui ne portaient que leurs basses voiles! L'Espagne, dans ce temps même où le royaume paraît si près de sa décadence, compte encore quinze galères à Naples, cinq en Sicile, trois en Sardaigne, sept à Carthagène. Si le grand-duc de Toscane n'entretient aujourd'hui que trois galères, c'est uniquement parce que trois galères suffisent pour défendre contre les corsaires la petite étendue de ses côtes. Les entreprises qu'on fait avec des galères sont d'autant plus faciles à exécuter qu'elles sont plus difficiles à prévoir. La seule apparition d'une force navale embarrasse et déconcerte le commandant d'une province maritime : elle l'oblige à diviser ses forces et à fatiguer ses troupes par de fréquentes marches. »

Ai-je voulu soutenir une autre thèse quand j'ai prédit, il y a près de quinze ans, que les flottilles ne tarderaient pas à changer la face de la guerre maritime et à faire rentrer la marine dans le jeu des armées?

« Depuis plus de dix ans, continue Barras de La Penne, on a tellement laissé dépérir nos galères qu'on n'a plus une seule coque qui n'ait besoin d'un très-grand radoub; les chiourmes ne sont pas en meilleur état. Cependant, comme il en reste un bon levain, on aura bientôt fait de les rétablir. Je m'arrête au chiffre de vingt-quatre galères : ce nombre me paraît aujourd'hui suffisant, en attendant que les lumières du conseil de marine et le sublime génie de M. le régent aient remis la France dans son ancien lustre. »

Stérile éloquence! Les temps étaient venus, et la réponse à ce cri de détresse ne se fit guère attendre. Un édit de 1748 supprima le corps des galères. Depuis un siècle et demi, la galère est donc morte : il n'y a que nous qui puissions aujourd'hui la faire revivre. Napoléon lui-même y a failli : il n'avait pas malheureusement nos ressources. Personne ne contestera qu'une transformation complète ne soit à la veille de s'opérer dans le matériel naval. Demandez aux Allemands et aux Russes ce qu'ils en pensent. La possession de la Baltique, celle de la Manche et de la mer du Nord, ne seront pas disputées par des croiseurs; elle le seront par des flottilles. Être maître de ces trois bassins européens, c'est l'être, en réalité, de toute la navigation marchande : à quoi bon exploiter le commerce du monde, quand les richesses amenées de si loin vont être interceptées en vue de la terre natale?

CONCLUSION.

Une révolution d'une incalculable portée s'annonce, et celui qui, mieux que tout autre, aurait pu la faire aboutir, vient de disparaître. Le ciel nous avait donné un grand ingénieur; il nous l'enlève au moment où une initiative hardie nous devenait plus que jamais nécessaire. M. Dupuy de Lôme, mon ami, le jeune maître avec qui j'ai tant de fois, quand il n'était encore qu'à ses débuts, sondé les secrets de l'avenir, nous aurait si bien aidés dans cette métamorphose nouvelle, — métamorphose qui ne saurait profiter à aucune puissance maritime autant qu'à la France[1]! — Nous l'aurions, comme aux jours de 1849, de 1860, soulevé dans nos bras pour qu'il pût voir au loin et nous montrer encore le chemin de la victoire. Esprit sûr et pratique, il ne prenait

---

[1] Voyez la *Station du Levant* (E. Plon, Nourrit et C¹ᵉ, éditeurs, 10, rue Garancière) et la *Marine d'aujourd'hui*. (Hachette et C¹ᵉ, éditeurs, 79, boulevard Saint-Germain.)

jamais des nouveautés que ce qu'il en fallait retenir ; il avait, si je puis m'exprimer ainsi, l'audace sage ; mais il avait avant tout de l'audace. Fait pour commander des flottes, aussi bien que pour en construire, il portait sa résolution sur tous les terrains. Le premier, il nous enseigna comment il fallait diviser les flots ; le premier aussi il nous fraya la voie dans les airs. Maintenant il est allé rejoindre ces deux grands esprits, Le Verrier et Dumas. Ils ont aspiré tous les trois à la même demeure : ils vont s'y retrouver, car ils n'étaient pas de ceux qui pensent qu'après avoir asservi la matière, nous pouvons n'être que matière nous-mêmes. L'univers frémirait en vain ; il faut qu'il porte le joug : Dieu lui a donné un maître, et ce maître, c'est l'homme. Nous ne l'avons jamais si bien prouvé qu'aujourd'hui. A l'œuvre donc, vous qui devez nous consoler de cette perte immense ! A l'œuvre, officiers et ingénieurs ! Redoublez d'efforts, et n'oubliez pas ce que la patrie attend de vous !

Il n'y a que deux puissances en Europe qui soient obligées d'entretenir deux flottes à la fois, parce que seules ces puissances ont à se garder sur deux mers : il est interdit à la Russie de laisser la Baltique sans défense, quand il lui faut courir à la protection de ses établissements de la mer Noire; la France, de son côté, commettrait une rare imprudence si elle évacuait complétement la Méditerranée, pour concentrer, à un jour donné, la totalité de ses forces entre Brest et Dunkerque. Encore la Russie a-t-elle la ressource de faire dans la Baltique l'économie des armements d'hiver, tandis que nous restons, nous autres Français, vulnérables en toute saison, dans le bassin du Nord aussi bien que dans celui du Midi. Ce ne sont pas seulement des escadres d'évolution, ce sont des escadres d'observation qui nous sont imposées. « La *diplomatique* n'est pas mon régime », me disait, il y a quarante-cinq ans, dans son français légèrement incorrect, le vénérable amiral Stopford : elle ne saurait davantage me tenter. Et pourtant la politique extérieure d'un État ne peut manquer d'exercer une grande influence sur la direction à donner à la constitution de la flotte. Ce serait folie de vouloir créer, dans les temps où nous vivons, une marine à toutes fins : les grandes visées coloniales ne comportent pas le matériel naval que commanderaient des préoccupations d'un autre ordre. Dans le vague où me laisse mon ignorance absolue des rapprochements qui tendent à s'opérer, des complications qu'un avenir plus ou moins prochain fera naître, je n'hésite pas à courir d'abord au plus pressé : ne compromettons jamais notre prépondérance côtière! Tout effort qui la menacera doit appeler de notre part un effort analogue, effort prompt, sérieux, tel qu'il le faut attendre d'un peuple qui a vu si récemment son indépendance nationale menacée. Il ne nous est pas permis de laisser une portion aussi considérable de notre territoire découverte.

J'ai raconté ailleurs comment la tactique militaire des Grecs dut changer quand la conquête de l'Inde eut fait entrer les éléphants en ligne : les vaisseaux cuirassés joueront longtemps encore, dans la guerre maritime, le rôle qu'Antigone, Séleucus et Eumène attribuèrent, dans les plaines de l'Asie Mineure, aux monstres disciplinés par Taxile et Porus. Les éléphants gardèrent pendant près d'un siècle leur poste de bataille; ils durent battre en retraite devant la légion romaine : les vaisseaux cuirassés finiront bien aussi par disparaître; l'heure de les licencier ne me paraît pas venue. Dans les mers profondes, je voudrais continuer d'associer cette massive réserve à nos escadrilles; je ne l'enverrais pas dans les parages où il serait facile de lui opposer un rempart de roches et de hauts fonds. On arrivera probablement un jour à donner à nos torpilleurs toutes les qualités qui leur sont nécessaires pour affronter en pleine sécurité la haute mer; on aura plus de peine à en faire des oiseaux de grand vol. De toute façon, ces torpilleurs transformés ne seraient plus des bâtiments de flottille. La flottille, telle que je la conçois, se compose de navires de dimensions chétives, d'une valeur vénale insignifiante. Je la destine surtout à infester les bras de mer étroits. Course ou descente, sur ce terrain propice elle se prête aisément aux opérations les plus diverses. Si je la concentre, les colosses, à son approche, se troublent, et, sur le rivage, les corps d'armée s'essoufflent à la suivre; si je la disperse, un seul de ses méfaits suffit pour alarmer toute une marine marchande. La Manche, en moins d'une heure, se l'est renvoyée d'une rive à l'autre. On ne sait d'où elle sort; on ignore où elle rentre. Ne comptez pas ses pertes : son grand art, sa force principale consiste à ne rien craindre et à sacrifier sans scrupule quelques-uns de ses tronçons. « Il est mort tout de même », disait l'assassin du duc de Guise, pendant que le bourreau lui rompait les membres. Voilà un vrai mot de torpilleur! Vous voyez donc bien que cette marine n'a rien de com mun avec l'autre ; qu'il faut la distinguer soigneusement de celle que j'appellerai la « marine des millions flottants ».

Je ne demande pas aux hommes d'État leur secret ; je leur dirai volontiers le mien : mes vœux sont essentiellement pacifiques ; la guerre est aujourd'hui, si nous voulons employer le langage des affaires, « une opération qui ne paye pas ». Quel étrange soupçon a donc pu traverser l'esprit de nos vieux alliés de Crimée, pour que tout à coup, sans que rien d'apparent justifiât un pareil mouvement d'opinion, ils se soient décidés à faire un de ces grands efforts qui nous ramènent aux jours ombrageux des Chatham? L'Angleterre va dépenser en constructions neuves près de 100 millions de francs. Quand on possède 46 vaisseaux cuirassés représentant un total de 326,000 tonneaux, il semble qu'on devrait considérer sans envie les 31 cuirassés et les 181,000 tonneaux du voisin. En jouant l'épouvante, on s'expose à produire la méfiance chez les autres. Est-il si nécessaire, comme on l'a proclamé de l'autre côté de la Manche, « que la marine britannique soit toujours le double de la marine française »? N'y a-t-il pas, au contraire, un certain danger pour une politique facilement, presque innocemment impérieuse, à disposer de ressources excessives? Le ton, sans qu'on y prenne garde, se hausse ; les moindres désirs contractent des allures péremptoires ; on perd peu à peu l'habitude des ménagements, et cette dictature morale, à laquelle on nous a si souvent accusés de prétendre, on se laisse entraîner à y aspirer soi-même. Les gouvernements, par bonheur, sont plus sages que les peuples, et cette tendance dont notre orgueil s'offusque s'évanouira, j'en suis convaincu, aussi rapidement qu'elle s'est manifestée. Que l'Angleterre pourvoie donc comme elle l'entendra au soin de sa sécurité, qu'elle mette sa suprématie navale sous la garde d'une double et d'une triple flotte, je ne vois point là un motif suffisant d'éveiller nos consuls. L'Angleterre nous gênera, nous irritera peut-être, en s'appliquant avec une attention jalouse à comprimer nos essors les plus légitimes : je ne crois pas qu'elle ait jamais l'idée de nous réclamer la Guyenne et Calais.

APPENDICE.

PREMIÈRE PARTIE.
CONSTRUCTION DE LA GALÈRE.

CHAPITRE PREMIER.

MONTAGE DE LA GALÈRE EN BOIS TORS.

Nous possédons déjà une idée générale de la galère : que d'obscurités cependant il resterait encore à dissiper, si nous voulions nous représenter dans toutes ses parties, avec son œuvre morte si compliquée, son aménagement intérieur, son appareil de rames et sa voilure, ce bâtiment qui, malgré les protestations émues d'une noblesse dont il avait fait la gloire, est allé rejoindre, depuis cent ans à peine, la chevalerie antique dans le magasin des vieilles ferrailles ! Il est allé où va toute chose en ce monde, où ira bientôt le dernier vaisseau à voiles, suivi à brève distance très-probablement du dernier vaisseau cuirassé. Heureusement, ni les documents, ni même les modèles ne manqueraient, s'il nous venait jamais la fantaisie de reconstruire, pour la faire figurer dans nos fêtes, une galère senzille ou réale. Approchons-nous donc avec confiance du chantier : toutes les pièces qui composent la quille sont déjà placées bout à bout. Sur cette quille, on va dresser à l'extrémité arrière l'étambot avec son arcasse, à l'autre extrémité l'étrave et la contre-étrave que les charpentiers ont pris soin d'assembler à l'avance. C'est là une opération que nous voyons accomplir tous les jours dans nos ports, que nous nous expliquerions mal néanmoins, si l'on se bornait à nous annoncer qu'on s'apprête « à élever sur la *carène*, d'un côté la *rode de poupe* avec son *capion* et *contre-capion*, garni du *dragan*, des deux *ailettes*, du *gorgias* et de leur *traverse ;* de l'autre, la *rode de proue,* également accompagnée de son *capion* et *contre-capion* ». La rode de poupe et la rode de proue ne sont autre chose que l'étambot et l'étrave de la galère ; les capions et contre-capions sont les allonges de ces pièces maîtresses ; le dragan est la lisse de hourdy.

Rien ne ressemble plus à un bâtiment monté en bois tors, c'est-à-dire prêt à recevoir ses bordages, que le squelette d'une baleine. Les côtes du cétacé insérées sur l'épine dorsale rappellent, à s'y méprendre, les *membres* ou *couples* reposant sur la quille. Ce sont ces membres, ces côtes, n'hésiterai-je pas à dire, si je dois me faire ainsi mieux comprendre, qui donnent au navire en construction sa forme. Dans la galère les membres étaient composés de trois pièces : le *madier* et ses deux *estamenaires*. Le madier, fourche à deux branches, comme nos varangues, portait sur la quille ; les estamenaires lui servaient d'allonges et l'élevaint jusqu'à la hauteur du pont.

Par-dessus les madiers, posons maintenant les deux *escouets,* sorte de taquets qui vont former au fond du navire une *oualle,* autrement dit un canal, où nous mettrons la

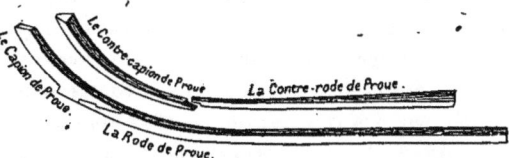

Rode et Contre-rode, Capion et Contre-capion de Proue.

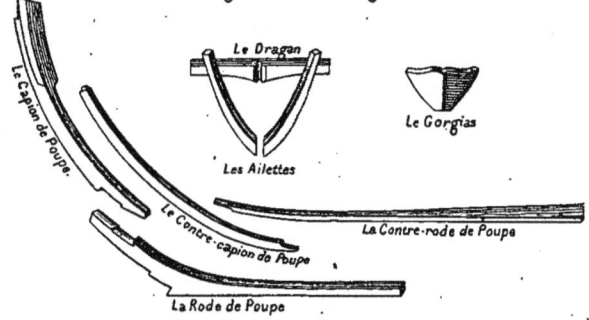

Rode et Contre-rode, Capion et Contre-capion de Poupe.
Dragan, Ailettes et Gorgias.

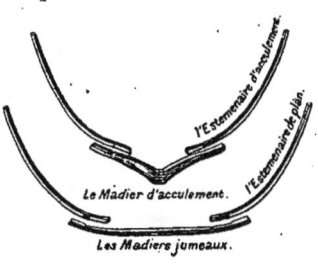

Quille, Madiers et Estemenaires.

Les Pièces de Quille sont les pièces fondamentales

Page 138.

saure, lest composé de petits cailloux ou de gros gravier. Les escouets sont assujettis par une *forme* ou lisse qui se prolonge d'une extrémité du navire à l'autre, arrêtée sur chacun des membres par un clou. Les escouets sont, en outre, fortifiés par des *contre-escouets,* et ce sont eux « qui tiennent en raison » les *empâtures des madiers.*

La longueur de la quille a été marquée de capion à capion. Elle est d'environ quarante-sept mètres : cette longueur se partage en intervalles égaux ; les madiers, au nombre de cent quarante-deux, viendront, l'un après l'autre, occuper la place que leur assigne, sur cette espèce de colonne vertébrale où ils doivent prendre racine, leur numéro d'ordre. Quand les estamenaires auront été ajoutées aux madiers, il ne restera plus qu'à consolider la carcasse de la galère, à l'aide du *dormant.* Le dormant est une guirlande de bois de chêne qui règne de poupe à proue en dedans du navire et s'endente sur les têtes des estamenaires. Six autres guirlandes, désignées sous le nom de *fourrures,* partagent en intervalles égaux, par autant de ceintures longitudinales, l'espace compris entre le fond de la galère et le dormant. Les fourrures sont faites de bois de sapin ; on les endente, comme le dormant, sur la face intérieure des membres : ce sont les premiers muscles dont se revêtent les côtes de chêne.

La galère, on le voit, commence à prendre figure. Le plus difficile cependant reste à faire ; il s'agit maintenant de façonner les extrémités : les *singlons,* les *mantroves,* les *fourcats,* vont succéder, avec les *estamenaires de Rebec,* aux membres plus arrondis de la partie centrale.

CHAPITRE II.

**APPLICATION DU BORDÉ EXTÉRIEUR. — CONSTRUCTION DES RAM-
BADES ET DE LA POUPE.**

Le bois tors est enfin complet : le moment est venu de songer à faire de la trière aphracte, en d'autres termes, de la galère ouverte, un bâtiment ponté. Disposons donc, sans attendre davantage, les poutres transversales sur lesquelles doit reposer la *couverte*. Ces poutres — disons dès à présent ces *lattes,* puisque c'est ainsi que les constructeurs des mers du Levant ont trouvé bon d'appeler les *baux* — sont au nombre de soixante-treize. La plus longue, posée au milieu de la galère, a cinq mètres cinquante-deux centimètres de portée ; toutes ont vingt-cinq centimètres de large sur huit centimètres d'épaisseur. Elles s'appuient, par chaque extrémité, sur le dormant ; par le milieu, sur la *bisherie*. Soutenue par une longue rangée de *ponchers,* autrement dit d'épontilles, la bisherie est une pièce longitudinale qui porterait, à bord de nos vaisseaux, le nom d'*hiloire renversé*.

Le revêtement extérieur suit de près la pose des fourrures et des lattes. Il a pour base les *enceintes* ou *perceintes,* — dans notre langage moderne les *préceintes* — fortes pièces de bois de chêne qui font, comme le dormant et au-dessous du dormant, le tour de la galère ; seulement ce tour, elles le font en dehors des membres sur la face extérieure des-

Montage de la Galère en bois tors.

Galère après l'application du bordé extérieur.

Galère après la construction de la Poupe, des Rambades et du Talar.

Poupe
Talar
Rambade
Tambouret
E. Monleu Sc.
Eperon

Page 140.

quels on les endente. Les enceintes constituent une des liaisons les plus importantes du corps de la galère. On les recouvre des *contaux* qui ajoutent encore à leur solidité.

A l'extrémité du dormant, vers l'arrière, on pose de chaque côté du *tail de poupe,* que nous appellerions aujourd'hui le *tableau,* dans l'angle extérieur formé par les estamenaires de rebec et par les fourcats, une pièce de bois qui s'étend du capion jusqu'à six mètres soixante-six centimètres vers l'avant. Cette pièce de bois se nomme la *massane.* Par-dessus la massane, et pour terminer le cordon de l'enceinte, viennent les *vaulillotes* qui forment la *bâtarde,* autrement dit le *cul de monine.* Ce sont déjà les principaux traits de la poupe qui se dessinent.

Les premiers bordages extérieurs que l'on met en place portent le nom de *filz endentés.* Il y en a quatre rangs de chaque côté. Le premier rang, — nous dirions aussi bien la première virure, — commence sous l'enceinte; les rangs suivants descendent graduellement de l'enceinte vers la quille, éloignés l'un de l'autre d'une distance égale à leur largeur.

Le *trinquenin* peut être considéré comme une seconde enceinte. Après avoir recouvert les extrémités des lattes, il forme en saillie, par-dessus le dormant et les conteaux, un cordon qui détermine la longueur définitive de la galère.

La grande préoccupation du constructeur sur ces navires aux extrémités fines et d'une longueur qui nous sembla longtemps exagérée, paraît avoir été de multiplier les liaisons longitudinales et de leur donner la plus grande résistance possible. Le chêne est un bois lourd; on n'en épargnera cependant pas l'emploi, quand il s'agira de fortifier la galère dans le sens de sa longueur, de l'empêcher en un mot de *se casser.* Voyez la frégate amarrée près du pont

Royal à Paris; considérez dans quel état l'ont mise quelques années de la plus tranquille existence, et comprenez par ce seul exemple à quel point les précautions prises pour éviter semblable affaissement étaient indispensables sur un navire destiné à tenir la mer. Le trinquenin, le contre-trinquenin et les filz endentés de la couverte, virures maîtresses du pont, au nombre de sept, jouaient dans la construction le même rôle, avaient le même office que les filz endentés du dehors de la galère, que toutes les autres pièces servant à renforcer la quille. Un constructeur anonyme, dont le manuscrit m'initie à tous ces détails, appelle les filz endentés de la couverte la « corde de l'arc ».

De grands vides ont été laissés aussi bien au dehors que sur la couverte : les bordages destinés à les remplir se nomment des *embons*. On pose simplement les embons sur les lattes ou sur les madiers; on ne les endente pas. Grâce à ces pièces de remplissage, la couverte et la coque seront bientôt complétement fermées. Notons en passant que la surface extérieure de la couverte a été disposée en dos d'âne, afin que l'eau de la mer qui, dans les mouvements de roulis, entrera par les *roujeoles;* — par roujeoles, il faut entendre les *dalots,* — puisse trouver un écoulement facile à la mer.

Le navire, à la rigueur, pourrait déjà flotter; ce que le constructeur y ajoutera désormais ne sera, si je puis m'exprimer ainsi, que de la cellulose. Nous possédons dès à présent un coffre long de quarante-six ou quarante-sept mètres, large de cinq ou six, profond de deux ou trois. La longueur de ce coffre sera divisée en cinq parties : la *poupe*, l'*espalle*, les *bancs*, la *conille* et le *tambouret*. En avant du tambouret se projettera l'*éperon*.

Cet éperon était-il, comme l'*embolon* et le *rostre* des anciens, un dard placé sous l'eau et destiné à percer le flanc du navire ennemi? Non! l'éperon de la galère moderne, bien qu'on l'ait utilisé pour l'orientement des voiles, pourrait être retranché, sans que la défense ou la solidité du navire en souffrît. Flèche de bois de sapin, longue de six mètres environ, qu'on fixe un peu au-dessus de la flottaison, à la face extérieure du capion de proue, deux *cuisses* latérales de bois d'orme le relient au corps de la galère; une courbe désignée sous le nom de *taille-mer* le supporte en dessous et le consolide; la *serviole,* bordage de dix mètres de longueur, le recouvre et l'assujettit à la couverte, comme les cuisses et le aille-mer l'assujettissent aux membres et au bordé du dehors.

Où l'éperon se termine commence le tambouret. Nous trouvons là une plate-forme peu élevée au-dessus de l'eau, plate-forme dont la longueur ne dépasse guère quatre mètres, et qui constitue en quelque sorte un degré pour arriver de l'éperon sur la couverte. Le tambouret sert à la manœuvre des ancres et au chargement des canons par la bouche : on y recueille les *groupis* des *gaviteaux,* c'est-à-dire les *orins* des *bouées.*

Aussitôt après le tambouret, si l'on se porte de l'avant de la galère à l'arrière, se présente la *conille,* espace de trois mètres de long qui sépare l'extrémité antérieure de la couverte, du premier banc. Vingt-cinq bancs de chaque bord, avec un intervalle d'un mètre et quart entre les bancs, occupent, à la suite du tambouret et de la conille, une partie considérable de la couverte : trente et un ou trente-deux mètres uniquement consacrés à la *vogue,* nous dirions aujourd'hui à l'appareil moteur.

Sur quarante-sept mètres, longueur totale de la galère, en voilà déjà trente-neuf d'employés, — trente-deux pour les bancs, trois pour la conille, quatre pour le tambouret.

Des huit mètres qui nous restent, nous en consacrerons deux tout au plus à l'*espalle,* cinq ou six à la *poupe.* L'espalle est le palier sur lequel on s'arrête quand on monte à bord : ce palier déborde de chaque côté le flanc de la galère, afin qu'on y puisse accrocher les échelles ; on eût pu aussi bien l'appeler, comme nous l'avons fait nous-même au début de ce travail, le vestibule de la poupe.

La poupe sert de logement au capitaine et aux officiers. En lui donnant de cinq à six mètres de longueur, on a cru se montrer libéral, tant l'espace disponible à bord de la galère est restreint ! La vogue absorbe tout. On se plaint sur nos grands vaisseaux à vapeur des exigences de l'appareil moteur ; la machine et les nombreux corps de chaudières prennent à eux seuls, dit-on, plus de la moitié de la cale. La rame demandait davantage encore ; il lui fallait les trois quarts au moins du navire.

Les deux rangées de bancs ne couvraient pas cependant toute la largeur de la couverte ; elles laissaient entre elles un long corridor, — la *coursie,* — qui permettait aux officiers et aux matelots chargés de la manœuvre des voiles de se porter rapidement de l'espalle à la conille et au tambouret. La coursie n'était pas au niveau du pont : formée pas les *raiz de coursier* et les *subrecoursiers,* elle dominait la couverte de près d'un mètre.

Les raiz de coursier sont au nombre des pièces principales de la galère. Se prolongeant d'un bout à l'autre de la couverte, ils servent à lier, mieux encore que les filz endentés du pont, mieux que le dormant et le trinquenin, l'avant et l'arrière de la galère. Si les raiz de coursier se rompaient, l'avant et l'arrière tomberaient du même coup ; la galère s'ouvrirait par le milieu. Aussi fait-on les raiz du meilleur bois de chêne qu'on puisse trouver, et leur donne-t-on quarante-cinq centimètres de hauteur sur dix-huit de large. Leur longueur exige qu'on les fasse de plusieurs pièces assemblées par des empâtures de deux mètres cinquante. Chaque pièce est longue de dix ou onze mètres. De grands clous, chassés par-dessous la bisherie, traversent, outre cet hiloire renversé, la latte et le raiz de coursier.

Le *subrecoursier*, posé de champ sur le raiz de coursier, se compose de plusieurs pièces de bois-de sapin, ayant jusqu'à quatorze et quinze mètres de longueur, avec des empâtures de trois mètres cinquante. On donne au subrecoursier cinquante-quatre centimètres de hauteur, sur douze de largeur. Il existe deux raiz de coursier et deux subrecoursiers, un de chaque bord. L'intervalle qui les sépare est d'un mètre environ. Les *quartiers*, ou parquets de coursie, sont des panneaux mobiles de bois de noyer qui recouvrent l'espace laissé vide entre les deux raiz. On peut donc se figurer le *canal de coursie* comme un long conduit, large de près d'un mètre, profond de soixante-neuf centimètres, dans lequel trouveront à se loger une partie des voiles et des manœuvres, avec une foule de menus objets. Quand ce canal est clos et recouvert par les quartiers, il devient la grand'rue qui constitue l'unique voie de communication entre la poupe et la proue de la galère.

CHAPITRE III.

CONSTRUCTION DU TALAR OU SUPPORT DE LA PALAMANTE.

Quand on décrit un navire à vapeur, qu'y a-t-il de plus essentiel et en même temps de plus difficile à faire bien comprendre que l'organisme de cette bête à mille pattes qui sommeille sur ses coussinets, incapable de sortir par elle-même de sa léthargie, mais qu'un souffle puissant peut soudain animer et viendra mettre en branle dès le premier appel? L'appareil moteur de la galère moderne n'est guère moins compliqué que celui du vaisseau à vapeur; il a fallu très-probablement de longs siècles pour le porter à sa perfection. Si nous n'avions, pour le concevoir et pour le décrire, les textes les plus précis, les plans les plus exacts, nous serions exposés, je le crains, à jeter les commentateurs futurs dans l'inextricable embarras où nous laissent les bas-reliefs de l'Acropole d'Athènes et ceux de la colonne Trajane.

La galère moderne n'est pas un rectangle; elle affecte, comme tout corps flottant destiné à fendre l'onde, la forme d'un fuseau. Avec des rames de longueur égale posées sur une préceinte qui se courbe à la façon d'un arc aux deux extrémités, les rameurs rapprochés de la poupe ou voisins de la proue n'agiraient pas sur le même bras de levier que les rameurs du centre : comment remédier à cet inconvénient,

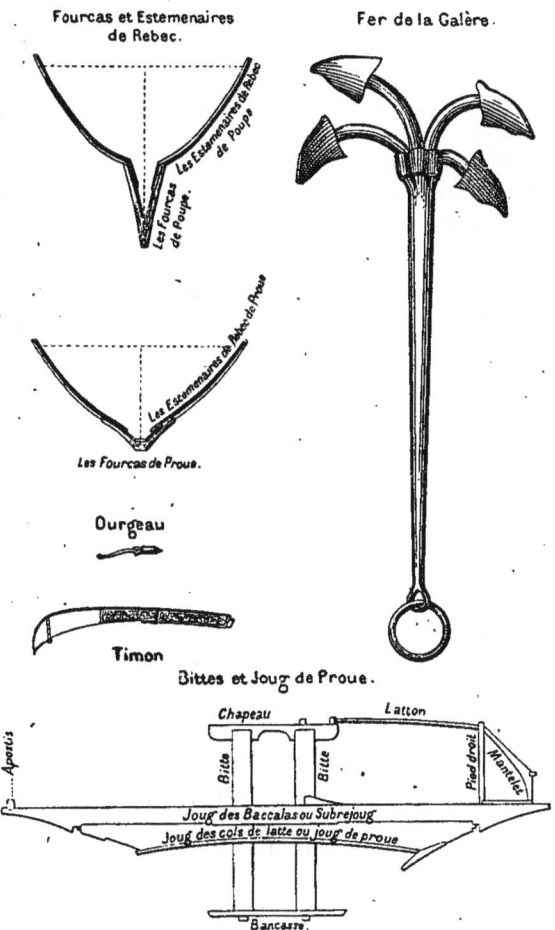

Page 146.

et par quel procédé un maître de hache ingénieux arrivera-t-il à faire à toute la vogue des conditions semblables? La chose n'était probablement pas facile, car les anciens et les constructeurs du moyen âge eux-mêmes paraissent y avoir renoncé; ils ont trouvé plus simple de munir la galère de rames décroissant en longueur du centre aux extrémités. Le constructeur moderne, pour éviter cet assortiment peu commode, a eu recours à un expédient : sur le bord fuyant du navire, il a posé un cadre rectangulaire destiné à offrir aux rames un point d'appui qui fût partout à une distance égale de la ligne médiane. Ce cadre, il fallait le soutenir au dehors; de là tout un assemblage de supports et de lisses dont la nomenclature va tenir une grande place dans notre vocabulaire.

Une galère qui aura six mètres de largeur à la maîtresse latte — nous entendons par maîtresse latte le maître bau — sera surmontée d'un double cadre large de huit mètres au moins, débordant par conséquent de chaque côté la préceinte de plus d'un mètre au centre et d'une quantité bien autrement forte à la hauteur de l'espalle ou de la conille. Le premier cadre, le cadre inférieur, repose par ses deux extrémités sur deux fortes traverses, autrement dit sur deux jougs — le *joug de poupe* et le *joug de proue*. La première de ces traverses détermine l'espace accordé à la poupe; la seconde forme la limite où s'arrête le tambouret.

Les jougs se prolongent en dehors du corps de la galère par une saillie de soixante-cinq centimètres environ. Ils constituent les deux petits côtés du rectangle. Les deux grands côtés, ceux qui s'étendent du joug de poupe au joug de proue, ont un nom distinct, comme l'ont eu d'ailleurs jusqu'ici toutes les autres pièces de la charpente : on les nomme les *tapières*. La tapière, on le pressent d'avance, a besoin d'être soutenue de distance en distance dans toute sa longueur. Le joug, fortifié par un *subrejoug*, est supporté par le *sotte-frein*, sorte de console qui s'y enchâsse ; la tapière s'appuie également sur des supports, et ces supports, au nombre de cinquante-quatre, pièces de chêne vert qu'on cloue sur la couverte, en les laissant saillir de plus de deux bons pieds au dehors, sont connus de temps immémorial, dans la marine du Levant, sous le nom de *cols de latte*. Ce n'est pas sur la tapière que se poseront les rames, mais la tapière, déjà plus élevée que le pont, nous représente le premier échelon du fragile échafaudage qui va porter la vogue.

La gaière est déjà sensiblement élargie. Ne mettrons-nous pas à profit cet élargissement? Quelques bordages cloués sur les cols de latte peuvent munir la galère d'une véritable ceinture de petits magasins. Là se rangera le bois de chauffage, s'arrimeront les barils d'eau et se logeront, au moment du départ, les moutons. Ces bordages qui ferment l'espace compris entre la tapière et le trinquenin s'appellent des *boutasses* ; ils ne laissent au-dessus du trinquenin qu'un vide de quatre ou cinq centimètres par lequel s'écoule l'eau quand les coups de mer balayent d'un bord à l'autre la couverte. Le vide ou long dalot se nomme la *rougeole*, la *rajolle*, la *regeole* : l'orthographe n'a jamais été bien fixée dans le vocabulaire des galères.

Nous avons dit que la tapière n'était pas la pièce longitudinale sur laquelle les rames prenaient leur point d'appui. Si la tapière n'est point destinée à recevoir les chevilles que nous nommons aujourd'hui des *tolets* et auxquelles, au temps même d'Eschyle, on attachait les rames, où placera-t-on donc ces pivots? On les enchâssera dans l'*apostis*. L'apostis, plus saillant encore que la tapière, et un peu plus élevé, règne aussi de long en long sur les deux côtés de la galère et va s'endenter sur les subrejougs : la tapière n'est, à proprement parler, qu'une lisse de renfort pour le frêle encorbellement dont l'ensemble, désigné par les Italiens sous le nom de *telaro*, se nommait alors dans la marine française le *talar*. L'apostis d'où plonge vers la mer la *palamante*, c'est-à-dire l'appareil des rames, a pour supports cinquante-sept *baccalas*.

Les baccalas sont des courbes à deux branches : une des branches est clouée sur la couverte; l'autre branche, plus longue, après s'être appuyée sur la tapière, va rejoindre l'apostis, auquel de distance en distance elle offre un soutien nécessaire, et qui l'empêche, quand la palamante est en action, de fléchir. Des *coussinets* de cinquante centimètres environ de longueur, introduits à grands coups de marteau dans les intervalles, arc-boutent les baccalas les uns contre les autres. On peut dès à présent se représenter le talar comme une longue cage appliquée en surplomb le long des préceintes, cage découpée à jour, résistante cependant, grâce à toutes les précautions prises pour la fortifier, dont la conille à l'avant, l'espalle à l'arrière, marquent les limites, et sur laquelle, quand la galère est en marche, tremble à chaque coup d'aviron l'apostis.

Sur les apostis, nous planterons maintenant, dans une douille de fer, les *escaumes*, autrement dit les tolets : les rames seront attachées à ces chevilles par une *estrope*. Pour éviter l'usure que produirait à la longue le frottement, il faudra garnir l'apostis de l'*auterelle* et la rame de la *galaverne*. L'auterelle et la galaverne sont deux petites plaques de chêne vert qui s'usent lentement l'une sur l'autre, et qu'il est toujours facile de remplacer.

CHAPITRE IV.

BATAYOLLES. — FILARETS. — COURROIR. — RAMBADES ET BASTION DE PROUE.

La galère n'avait pas, comme nos anciens vaisseaux à voiles, de hauts parapets couronnés par ces longs bastingages où viennent se ranger, chaque soir, les hamacs des matelots. Qu'aurait-on fait de ce coffre inutile? Le rameur de la galère dormait sous son banc. La chiourme n'en était pas moins soustraite en partie à la vue du dehors par un mince et léger boulevard, — la *pavesade*, — abri fait de planches ou de toile, qui entourait au-dessus de l'apostis tout le corps du navire. Quinze montants de fer de cinquante-sept centimètres de hauteur, appelés *batayolles*, se dressaient verticalement, fichés sur la lisse; quinze autres batayolles de bois d'orme, hautes de plus d'un mètre, doublaient en dedans les batayolles de fer. Sur la tête des batayolles de fer, on enchâssait un premier *filaret*, c'est-à-dire un premier cordon, latte de sapin carrée de dix ou onze centimètres de large sur toutes ses faces. Les batayolles de bois supportaient un second filaret, le filaret supérieur.

Nous avons dit que toute la chambre de vogue, de la conille à l'espalle, était occupée par les bancs garnis de leurs rameurs et par la coursie sur laquelle circulaient les matelots et les officiers : quel espace a-t-on donc réservé aux soldats? On leur a d'abord ménagé entre la pavesade portée par l'apostis et l'extrémité des bancs une coursie tout à leur usage, galerie extérieure allant d'un joug à l'autre et qui prendra le nom de *courroir*. Le courroir est un plancher très-mince, large de quarante centimètres, qu'on encastre d'un côté sur le filaret inférieur, de l'autre sur des pieds-droits qui ont pour point d'appui le plancher des *boutasses*.

Ces soldats, rangés dans les courroirs, ont sans doute leur utilité quand la galère se trouve menacée d'une attaque de flanc ; mais quelque soin que nous puissions prendre alors de les protéger par des tronçons de câble suspendus aux filarets, ils n'en resteront pas moins fort exposés aux atteintes de la mousqueterie. Les légionnaires d'Antoine, à la bataille d'Actium, occupaient, à la poupe, à la proue et au centre du navire, des postes sans contredit bien plus avantageux. C'était du haut de trois grandes tours de bois, abrités derrière des pavois de force à repousser les traits des balistes et des catapultes, qu'ils répondaient aux attaques des liburnes d'Octave. Il est vrai que leur premier soin, quand, le combat ayant mal tourné, il fallut prendre chasse et demander son salut à la rame et aux voiles, fut de jeter à la mer tout cet attirail encombrant. La galère du moyen âge eut aussi quelquefois sur son pont deux ou trois châteaux forts : la galère du seizième siècle ne conserva de tous ces postes défensifs que le seul château d'avant, connu dans la marine à rames sous le nom de *rambade*. Corps de garde, plutôt que château fort, bastion élevé de deux mètres environ au-dessus de la couverte, la rambade recouvrait la conille réservée au jeu de l'artillerie.

Pour édifier ce bastion de proue, commençons par établir en travers du vaisseau, à un mètre au-dessous du pont, une grosse pièce de chêne qui prendra le nom de *bancasse*. Sur cette poutre transversale nous poserons debout et verticalement deux autres pièces de bois dur équarries. Ce seront les *bittes*. Entre ces deux piliers dont l'aplomb se trouve assuré par des courbes à deux branches, nous avons laissé une distance égale à la largeur de la coursie. Relions maintenant les bittes l'une à l'autre par une traverse qui en couvrira les têtes et pourra, par conséquent à bon droit, s'appeler le *chapeau des bittes*. Pour être bref et ne pas courir le risque d'embarrasser l'esprit trop tendu déjà du lecteur, nous n'avons parlé que d'une rambade, d'une conille, d'une espalle; il existe, en réalité, deux rambades, deux conilles, deux espalles, car la coursie se prolonge à travers la conille et l'espalle, créant de cette façon une conille et une espalle de droite, une conille et une espalle de gauche. Aussi, bien que nous n'ayons mentionné qu'un seul château de proue, il n'en faut pas moins se figurer ce château partagé en deux châtelets distincts que nous réunirons par un pont. Nous aurons donc la rambade de tribord ou de la bande droite et la rambade de bâbord ou de la bande gauche, de même que nous reconnaissons deux conilles et deux espalles. Il fallait bien ménager au canon de 36, à ce canon qu'on appelle, par suite de sa position centrale, le *coursier*, un libre recul. Voilà pourquoi, au lieu d'un rempart continu à l'avant, vous trouverez deux fortins entre lesquels passera, sous le chapeau des bittes, cette grande rue de la galère à laquelle nous revenons sans cesse et que nous avons nommée la coursie.

Les *pieds-droits* ou *termes*, — l'un et l'autre nom étaient en usage, — qui supportent les plates-formes des rambades, sont au nombre de trois. Le chapeau des bittes nous fournira le quatrième point d'appui dont nous avons besoin. Deux des pieds-droits reposent sur la tapière ; le troisième porte sur la couverte. Les *moisselas*, architraves de sapin qui doivent recevoir les extrémités des lattons destinés à soutenir le plancher des rambades, sont fixés à tenon et mortaise, en d'autres termes sont *emmortaisés* sur le chapeau des bittes et sur les trois pieds-droits qui se dressent au-dessus du pont comme autant de colonnes.

Abrégeons, — il en est plus que temps, — tous ces menus détails de charpentage. Je ne m'y serais jamais arrêté, si je n'avais jugé indispensable de familiariser peu à peu le lecteur avec la langue technique dont je me trouverai forcément conduit à faire usage quand j'aborderai le récit des grands événements auxquels la marine des galères a été mêlée.

Tout autour de la rambade, on cloue quatre rangs de lattes, qui en débordent un peu le plan et qui, dans les mouvements de roulis, arrêteront le pied des matelots fort exposés, on le comprendra de reste, à glisser sur une plate-forme constamment humide. Ces lattes, appelées *traverses de la rambade*, servent aussi à enchâsser le pied des batayolles du bastion de proue.

Le moment me paraît venu de décrire la fortification passagère désignée par ce nom de bastion de proue, emprunté à la langue des Vauban du moyen âge.

La rambade reste ordinairement tout ouverte, mais, avant le combat, on dresse rapidement sur les quatre faces une sorte de parapet volant qui convertit soudain le corps de garde sans abri en bastion. Les batayolles emmortaisées sur les traverses de la rambade ont 1^m,30 de hauteur : on les joint l'une à l'autre par une main courante faite de bois de hêtre. Dès que ce châssis est constitué et en place, on y suspend des *paillets* confectionnés avec des tronçons de vieux câbles. Il n'en faut pas davantage pour mettre les soldats et les matelots groupés sur la rambade à l'abri des coups de mousquet. Les officiers et les marins russes n'ont pas employé, au siége de Sébastopol, d'autre procédé pour se garantir du feu de nos tirailleurs.

Cette défense mobile, — *levadice,* si nous voulons parler la langue des Levantins, — demandait cependant quelque temps pour être bien établie. En cas de surprise, on courait fort le risque d'être obligé de combattre à découvert. Quelques capitaines exigèrent du constructeur qu'il entourât la rambade de *mantelets* à charnière. Rabattus sur le plan de la plate-forme dans le cours de la navigation, afin de n'opposer alors aucune résistance à la marche, ces mantelets se dressaient soudain au moment de l'action. Quatre ais de bois encadrant des planches de liége de onze centimètres d'épaisseur remplacèrent, à partir de ce moment, le parapet improvisé de vieux câbles.

CHAPITRE V.

LE TAMBOURET ET L'ÉPERON. — LES GUMES ET LES FERS.

Ai-je réussi à bien faire comprendre le rôle dévolu, dans la construction de la galère, à la conille et à la rambade? Dans cet étroit espace se trouve concentrée la principale force militaire de la galère : sur la rambade, sont rangés les soldats; sur la conille que la rambade recouvre, les bombardiers tout prêts à faire feu de leurs canons. Reprenons à présent la description technique dont nous n'avons fait qu'ébaucher d'un crayon rapide les grands traits.

A l'avant, prolongeant comme un dard le corps de la galère, que retrouvons-nous? L'*éperon*. Après l'éperon, limité par le bord de la conille, viendra, nous l'avons déjà dit, le *tambouret*. A quoi cette plate-forme étroite et presque à fleur d'eau peut-elle bien servir? « Le tambouret, écrit Barras de La Penne, bouche l'extrémité de la couverte : il fait partie de l'œuvre vive. Le tambouret est nécessaire pour la manœuvre des fers » — vous avez deviné qu'il s'agit ici des ancres — nécessaire également « pour recueillir les *groupis des gaviteaux* » — les orins des bouées — « pour charger le canon et pour accrocher la *cargue d'avant*. »

La galère, en effet, possède quatre grosses ancres appelées *fers* et deux petites ancres que l'on nomme *andriveaux*. Or, la galère n'a pas d'écubiers, et si le tambouret n'existait pas, il serait vraiment difficile d'imaginer comment on pourrait venir à bout de lever l'ancre et de la rentrer à bord. Mais quand les lattons qui doivent porter la couverte du tambouret, quand la serviole qui va du joug de proue à l'extrémité de l'éperon ont été mis en place, lorsque enfin les embons, sorte de remplissage destiné à former le plancher mobile de la plate-forme, se trouvent maintenus, d'un côté par la serviole, de l'autre par les *cuisses du tambouret*, cordon de chêne qui tient lieu à cette partie de la couverte de trinquenin, on sait où appuyer le bossoir mobile auquel on aura recours pour virer le câble, pour lever l'ancre et pour la rabattre en dedans. On sait, — par surcroit de précaution, nous le rappellerons, — que, dans la langue des mariniers du Levant, on ne dit pas « lever l'ancre », on dit : la serper.

Les *bancasses d'arganeau de serper*, en d'autres termes les supports du bossoir, sont des pièces de chêne de 1^m,30 de long, sur trente-huit ou trente-neuf centimètres de large et huit ou neuf centimètres d'épaisseur. On les pose de plat sur les cols de latte, entre la tapière et le trinquenin. Elles font ainsi saillie en dehors du corps de la galère, et leur extrémité porte contre le joug de proue. « Ces bancasses, dit le constructeur, servent d'appui et de fondement aux cuisses d'arganeau. » Que faut-il entendre par ce mot que nous rencontrons pour la seconde fois sur notre passage ? Figurez-vous deux pièces de bois légèrement courbées par le haut, séparées l'une de l'autre par un intervalle de vingt-cinq centimètres environ et posées de champ sur la bancasse que nous venons de décrire, vous aurez sous les yeux les deux flasques, ou, pour s'exprimer plus correctement, les deux *cuisses* entre lesquelles se trouvera serré l'*arganeau*.

Les arganeaux à serper sont des pièces de bois d'orme

naturellement courbées, d'un mètre et demi de longueur sur vingt-cinq centimètres en carré. A la tête de l'arganeau, on enchâsse un rouet de bronze sur lequel, quand on serpe, la *gume coule*, — nous dirions aujourd'hui : le câble court. — Les arganeaux sont donc renfermés dans les cuisses d'arganeau, comme dans une caisse. Le pied de l'arganeau est moins gros que la tête; on l'arrondit et on le fait reposer sur le *tacq*, ou taquet, qui occupe le fond de cette caisse. Le tacq est assujetti sur le baccalas, auquel il correspond par un clou, et sur les cuisses d'arganeau par un *pers* ou cheville qui passe à travers le tacq et les deux cuisses. Quand le fer, en entrant dans la galère, a relevé l'arganeau et l'a mis debout, l'arganeau peut ainsi glisser et s'abattre à l'envers. L'arganeau est d'ailleurs flanqué de droite et de gauche par les *bittons à serper*, montants de soixante-treize centimètres de haut posés debout à côté de la tête de chaque cuisse d'arganeau et portant par le pied sur la *bancasse d'artillerie*. Ces bittons empêchent le câble de sortir de l'arganeau pendant le temps qu'on serpe. On y amarre la *barbe*, — en langage ponantais la bosse debout.

La *barbe d'arganeau* est un petit cordage qui sert à saisir la *cigale du fer*, quand on veut mettre le fer sur le tambouret. Passée dans un trou pratiqué à la tête de l'arganeau, un peu au-dessous du rouet, on la tourne, lorsqu'on veut l'amarrer au bitton.

Les *gumes* ne sont pas les seuls câbles qui soient appelés à couler sur le rouet de l'arganeau. Les *groupys* ou orins ont également recours à ce bossoir mobile. Le groupy est un cordage attaché par un bout aux *marres du fer*, — c'est-à-dire aux pattes de l'ancre, — de l'autre au *gaviteau*, — en d'autres termes à la bouée. On se sert du groupy pour *faire quitter* plus facilement le fer, comme on se sert à bord de nos vaisseaux de l'orin pour déraper l'ancre, dans les lieux où il y a un trop grand fonds.

Outre leur nom particulier, les gumes ont un nom générique : on les appelle le *cordage de la fonde*. Ce cordage se compose de quatre gumes, de deux gumenettes, de sept *caps*, de deux *groupys de col* et de deux *andriveaux*. Les gumes et les gumenettes sont de même longueur, — deux cents mètres, — mais non de même grosseur. Les gumes ont vingt-sept centimètres de circonférence ; les gumenettes n'en ont que vingt-deux tout au plus. Les gumenettes ne sont donc pas des câbles ; à bord de nos vaisseaux, on les appellerait des grelins. Les caps sont des amarres de poste, les groupys de col, comme nous l'avons déjà dit, des orins, les andriveaux des aussières.

De même qu'elle possède quatre gumes, la galère est aussi munie de quatre fers. Ces fers à donner fonde sont des grappins à quatre branches sans jas, dont la verge mesure 3^m,57 de longueur. Chaque fer pèse en moyenne sept cent trente-quatre kilogrammes. Le fer d'andriveau correspond à nos ancres à jet ; le poids de ce cinquième grappin ne dépasse pas soixante-treize kilogrammes.

Des quatre gumes, deux sont toujours dehors : l'une *ormégée*, — c'est-à-dire attachée, étalinguée, — au fer de la bande droite ; l'autre ormégée au fer de la bande sénestre. Les deux autres gumes sont de réserve en bas. On les ormégera, en cas de besoin, aux deux *fers de respi*, — aux deux ancres de veille, — à moins qu'on ne préfère les *entouiller*, — les épisser, — à l'extrémité des deux gumes déjà en service. On sait que deux gumes mises bout à bout l'une de l'autre peuvent faire plus de force que deux gumes séparées et ormégées chacune à son fer particulier.

L'extrémité de la gume ormégée à la cigale du fer par un

simple nœud, se nomme la *cime*. L'autre extrémité est arrêtée en bas, avec des cordages appelés *bausses*, à la bancasse ou traverse des gumes, afin qu'elle ne puisse *passer par œil*, c'est-à-dire échapper, si l'on mouillait par mégarde en un endroit où il y aurait plus de fond que la gume n'a de longueur, ou s'il arrivait que les bausses qui l'arrêtent sur la couverte vinssent à manquer.

La partie de la gume qui va dans l'eau et qui entre dans la galère jusqu'à *mezzanie*, en d'autres termes jusqu'au milieu du navire, s'appelle le *vif;* l'autre partie qui passe par la *douille* — c'est-à-dire par l'écubier du puits — pour aller se ranger dans la *chambre aux gumes* — nous entendons par là dans la soute aux câbles — se nomme le *mort*. C'est ainsi que pour manier le câble, on se sert à bord de la galère de commandements qui seraient difficilement compris sur nos vaisseaux : *Hâle le vif! Recourre* — c'est-à-dire file — *le mort!*

Lorsqu'il y a assez de gume columée, en d'autres termes filée au dehors, on arrête le câble sur la couverte avec un cordage blanc qui porte, chez les Ponantais comme chez les Levantins, le nom de *bosse* ou *bausse*.

CHAPITRE VI.

LES ESPALLES ET LA POUPE.

Après avoir décrit le tambouret et la conille, il semblerait naturel de songer à décrire le vaste espace occupé par la chiourme ; mais ne sera-t-il pas préférable de rassembler dans le même chapitre tout ce qui concerne l'appareil moteur de la galère, que la galère se meuve à l'aide de ses rames ou à l'aide de ses voiles? Finissons-en donc d'abord avec les œuvres mortes de l'avant et de l'arrière, avec les compartiments mêmes qui divisent la cale, afin qu'aucun détail oublié ne vienne rendre notre langage obscur, quand nous entreprendrons de raconter comment la galère fait face à toutes les nécessités du combat et de la navigation.

Commençons par nous occuper de l'espalle, puisque c'est l'espalle que nous rencontrerons en premier lieu, si, de la conille, nous sautons à pieds joints par-dessus la chambre de vogue. L'espalle est une plate-forme comprise entre le dernier banc des rameurs et la poupe. Cette plate-forme, qui déborde de chaque côté le flanc de la galère, occupe en longueur un espace de deux mètres. La coursie sépare l'espalle de tribord de l'espalle de bâbord. Des pièces de sapin, longues de près de quatre mètres sur seize centimètres de hauteur et treize d'épaisseur, sont posées sur la couverte parallèlement aux bancs, qui sont eux-mêmes, — on le verra plus tard, — dressés obliquement, et non pas normalement, à la coursie. Ces pièces de sapin se nomment les *grandes traverses de l'espalle*. Les rameurs du dernier banc s'en servent aisément comme de marchepied, quand ils voguent, car les grandes traverses sont posées vingt-sept centimètres plus bas que les bancs. D'autres traverses font un angle droit avec la coursie et se trouvent par conséquent alignées avec le joug de poupe. Ce sont ces dernières traverses qui soutiennent le *parquet* des espalles, fait de panneaux mobiles de bois de noyer. Quand on entre dans la galère après avoir gravi les cinq ou six marches de l'échelle, on prend pied sur le *parquet des espalles*. Des filarets portés par des batayolles encadrent cette plate-forme et la garnissent tout autour d'une main courante.

N'ayons garde d'oublier les *peneaux*. Ces petites flammes qui font connaître au pilote de quel côté souffle le moindre vent, sont portées par des *hastes* de deux mètres environ de longueur et de quatre centimètres d'épaisseur, que l'on plante sur les batayolles des espalles.

Des espalles nous passons directement à la poupe. Si le *talar* nous a paru fragile, la *poupe* le sera bien davantage encore. La poupe n'est qu'un pavillon d'une légèreté extrême, recouvert, comme une tonnelle de buveurs, d'un berceau. Pour la bâtir, on commence par appuyer d'un côté sur le joug de poupe, de l'autre sur le dragan, deux longs madriers de sapin qui prennent le nom de *moisselas de poupe*. Chacune de ces pièces longitudinales, large de trente-huit centimètres, épaisse de vingt-deux, sert de fondement à cinq pieds-droits qui y sont enchâssés par une mortaise.

Posés debout sur les moisselas, en forme de ponchers ou épontilles, les pieds-droits, hauts de 1^m,20, sur vingt-cinq centimètres de large et onze centimètres d'épaisseur, supportent les *grands bandins de poupe*. Il y a deux grands bandins, comme il y a deux moisselas. Sur les bandins s'appuient les *tenailles de la poupe*, arceaux surbaissés dont l'un marque, du côté du pont, l'entrée de la poupe, et l'autre se ploie, tout à fait à l'arrière, au-dessus du dragan. Ces pièces de bois, — les tenailles de la poupe, — se composent de deux *jambes* ajustées à une partie médiane qui porte le nom de *mezzanin*.

D'une tenaille à l'autre, posant sur le milieu des deux arceaux, se prolonge la *flèche,* pièce de bois de sapin, large de vingt-deux centimètres, épaisse de vingt-deux centimètres aussi, mais qui n'a pas moins de sept mètres de longueur. La flèche doit, avec les bandins, soutenir le *berceau*. A la tête de la flèche on met un anneau sur la face extérieure, afin d'y faire entrer le ganche de la plaque qui porte l'*écusson* aux armes du roi.

La carcasse de la poupe est en place; il ne reste plus qu'à la recouvrir du berceau. Ce berceau est formé par les *guérites*, pièces de bois de noyer courbées naturellement, dont le pied porte sur les *bandinets*, — nous dirons tout à l'heure ce que sont les *bandinets*, — et dont l'autre extrémité s'appuie sur la flèche, dans laquelle on prend soin de les enchâsser.

Les bandinets sont de longues lisses de hêtre posées au-dessus des bandins ; une balustrade, composée de douze bandins de fer qui se fixent par une partie plate sur les grands bandins, supporte les bandinets.

En travers des guérites, on place les *listeaux*, sorte de grillage qui fortifie le berceau et sert en même temps d'échelons pour monter sur la poupe. La poupe, en effet, n'a pas seulement son berceau, elle a aussi sa couverte. De chaque côté de la flèche on a eu soin de placer de long en long deux *tables* de sapin qui portent sur les guérites : c'est là, sur ce plancher étroit d'où la vue peut embrasser l'horizon tout entier, que se promènent ou s'assoient les pilotes, les timoniers et les bas officiers chargés de diriger la route, quand la galère est en marche. Le dessus de la poupe remplit à bord de la galère l'office de nos anciennes dunettes.

A toucher la dernière guérite, par conséquent tout à fait à l'arrière, on pose en croix, c'est-à-dire à angle droit, sur la flèche, une pièce de bois de hêtre, longue de plus de huit mètres, sur douze centimètres en carré. Cette pièce se nomme la *parteguette* : on en fait porter les extrémités sur deux chandeliers de fer dont les pieds passent à travers les bandinets. Vous verrez bientôt quel usage on peut faire de cette sorte de vergue, aux deux bouts de laquelle vous remarquerez des réas d'où pendent de légers cordages.

Le berceau, quand l'œuvre des charpentiers est achevée, se recouvre d'un double *tendelet* : le tendelet d'herbage, c'est-à-dire le tendelet de laine, et le tendelet de soie ou de cotonnine. La chaleur deviendrait quelquefois étouffante sous cette enveloppe, si l'on ne se réservait le moyen de la relever. Tendez-la, au contraire, au-dessus des guérites, l'air circulera librement dans l'intérieur de cette cage découpée à jour. Les tendelets la défendront encore suffisamment de la pluie et des rayons du soleil. La flèche, la parteguette et les hastes sont destinées à soulever et à maintenir dans une position horizontale les tendelets. Les hastes, longues baguettes de hêtre, — sont au nombre de quatre : le tendelet d'herbage en emploie deux, les deux autres sont passées dans les fourreaux ou gaines du tendelet de soie et de cotonnine qu'on appelle plus généralement *tendelet de guérite*. Quand, au lieu de laisser les tendelets appliqués sur la surface des tenailles et des guérites, on veut les relever, il suffit de les munir à droite et à gauche de leurs deux hastes, d'attacher un des bouts de ces hastes aux cordages qui pendent des réas de la parteguette, et de fixer l'autre bout à la grande batayolle des espalles. On obtient ainsi à la fois une tente qui protége le dessus de la poupe, et deux rideaux qui en abritent les côtés.

Coupe horizontale de la Galère, montrant les bancs, les banquettes, le couroir et les aubarestières.

CHAPITRE VII.

LE TIMON ET L'OURGEAU.

Nous aurions encore à décrire plus d'une pièce de charpentage avant d'en avoir fini avec le gros œuvre de la galère : ces détails de construction auraient leur importance, négligeons-les pourtant ; il vaudra mieux, puisque l'espace ici nous est limité, réserver celui dont nous disposons, pour décrire la pièce qu'on peut à bon droit considérer comme la plus essentielle, car sans elle la galère demeurerait comme un cheval sans frein que tout l'art des pilotes serait impuissant à diriger : je veux parler de la pièce mobile que la poupe supporte, et qui reçoit dans la marine du Levant le nom de *timon*. Le timon est le gouvernail de la galère. On le fait de bois de noyer et, autant que possible, d'un seul morceau dans le sens de la longueur. La partie qu'on lui ajoute pour lui donner toute la largeur voulue s'appelle le *couet* : sur nos vaisseaux à voiles on le nomme le *safran*. On donne ordinairement au timon sept mètres environ de longueur, un mètre de largeur par le bas et trente-trois centimètres à l'extrémité d'en haut sur onze centimètres d'épaisseur. Le *train* intérieur, — en d'autres termes la courbure intérieure du timon, — doit suivre le train de la rode de poupe à laquelle sont fixées les ferrures qui assujettissent le gouvernail. Le pied du timon descend, à treize millimètres près, jusqu'au *talon :* le talon déborde de quelques centimètres la rode de poupe. Cette disposition a pour objet d'empêcher les câbles ou autres cordages sur lesquels la galère peut passer, de pénétrer entre le timon et la rode. On arrondit en outre, pour lui donner une surface plus fuyante, le bas du timon.

Nous n'avons probablement pas besoin de rappeler que le timon n'est point une pièce fixe; il faut pouvoir, sans trop d'effort, le faire tourner à droite ou à gauche. Une penture l'embrasse par le bas, à quatre-vingts centimètres environ du talon, et cette penture se termine par un piton auquel on a donné le nom de *femelle.* Dans la femelle entre à frottement l'*éguille,* autre ferrure attachée à la rode de poupe. Une seconde penture embrasse de ses deux branches la partie supérieure du timon, mais cette fois c'est le timon qui porte l'éguille; la femelle est fixée à la rode de poupe.

Il est rare que la galère conserve son timon en place, quand elle est dans le port. En travers des deux bandins de l'arrière et à toucher la bancasse de poupe, le constructeur a pris soin d'installer un guindeau mobile désigné sous le nom de *moulinet.* Ce guindeau tourne dans les mortaises arrondies de deux *castagnoles,* — autrement dit de deux taquets — clouées sur les bandins. Le moulinet, quand on l'a garni de son cordage, sert à monter et à démonter le timon. Il a 2^m,50 environ de longueur et seize centimètres de diamètre.

A la tête du timon, on a ménagé un tenon. Ce tenon est destiné à entrer à frottement dans la mortaise de l'*ourgeau.* Nous avons déjà dit que l'ourgeau n'était autre que la barre du gouvernail. L'ourgeau a deux mètres environ de longueur sur vingt-cinq centimètres en carré à l'endroit de sa plus grande épaisseur : on le fait de bois d'orme. Deux cordages, appelés *palanquinets,* le tirent, suivant les besoins de la manœuvre, à droite ou à gauche. Les timoniers se tiennent à la tête de l'ourgeau, debout-sur le *taular,* plate-forme établie entre le *couronnement* et la dernière tenaille. Le taular s'appuie d'un côté, — du côté de l'avant, — sur l'extrémité des bandins, de l'autre sur des *bastets,* allonges qu'on ajoute à cet effet aux bandins.

CHAPITRE VIII.

INTÉRIEUR ET DÉCORATION DE LA POUPE.

Les charpentiers jusqu'ici se sont seuls chargés de la besogne; les menuisiers vont avoir leur tour : la tâche réservée à ces ouvriers d'art n'est peut-être pas la moins importante. Avant même que les charpentiers aient déposé leur hache et leur erminette, les menuisiers se sont déjà mis à l'œuvre. Les uns ajustent les *quartiers de coursie,* panneaux de noyer qui recouvrent les subrecoursies à partir de la proue jusqu'au grand tabernacle; — le *tabernacle,* placé à l'extrémité de la coursie, en arrière des espalles, pourrait aussi bien s'appeler le banc de quart du capitaine : nous le décrirons tout à l'heure; — les autres préparent les *parquets des espalles* et les *parquets de la poupe.* Tous ces parquets se composent de panneaux levadices — nous le savons déjà : levadice, dans la langue des galères, signifie mobile. — L'espace laissé vide entre la couverte et les panneaux des espalles est utilisé pour le logement des jarres remplies d'eau. Sous les parquets de la poupe, on met des armes « et beaucoup d'autres choses qui regardent le service du capitaine. ».

Chaque côté des espalles est garni de bandins, en d'autres termes, de bancs. Ces bandins, taillés dans une planche de noyer et fixés à la muraille par une ferrure, servent de siége le jour; la nuit, quelques bas officiers s'y installent de leur mieux pour dormir.

Nous n'avons pas encore pénétré sous la poupe. Franchissons l'espalle et le tabernacle; au delà de ce seuil commence le sanctuaire, le terrain réservé aux officiers et aux passagers de marque. A-t-on pris soin au moins de meubler luxueusement ce local où viendront peut-être s'abriter des princes et des évêques? Le luxe de la galère est un luxe tout extérieur : vous ne trouverez ici que des armoires de bois de noyer accotées aux pieds-droits des bandins. Ces armoires ferment toutes à clef; on en a fait un magasin d'armes. Le fond de la poupe est garni d'une bancasse — poutre horizontale — au-dessous de laquelle vous rencontrerez encore trois armoires. Ces armoires servent en quelque sorte de marchepied pour monter sur la bancasse : on y met les hardes du capitaine et des officiers.

Toutes les galères ont des châssis à verre au fond de leur poupe : ces châssis séparent la bancasse du poste occupé par les timoniers. Quelques galères sont également munies de châssis sur les côtés, entre les bandinets et les bandins.

La construction d'une *galère senzille,* c'est-à-dire d'une galère ordinaire, et non pas d'une *patronne* ou d'une *réale,* coûtait au roi, sans les agrès, de 13,000 à 14,000 livres, — 6,000 livres environ pour les bois, 2,750 pour les clous et autres ferrures, près de 5,000 pour le brai gras, le goudron et les salaires d'ouvriers. En dehors de ces frais, il fallait encore prévoir une dépense de 800 livres pour la sculpture d'une poupe neuve, de 274 livres pour dorer cette poupe, de 351 livres pour la peindre. Les travaux de luxe absorbaient donc à eux seuls 1,425 livres au moins, plus du dixième de la dépense totale. Examinons donc de près, — ils en valent la peine, — tous les détails de cette décoration coûteuse dont se parait alors, dans la marine à voiles aussi bien que dans la marine à rames, l'extérieur d'un navire de combat.

« Dorer les statues de Pallas » était déjà, au siècle d'Aristophane, une menace de guerre; les voisins inquiets ne manquaient pas d'envoyer demander des explications. La galère, de tout temps, fut chose essentiellement fragile et légère; ne pouvant la faire forte, on la faisait autant que possible riche et belle. Puget lui-même ne dédaigna pas d'y appliquer ses soins. On ne renouvelait pas cependant aussi souvent la sculpture des galères que le corps du navire, et « pour éviter de ruiner l'État », on se servait constamment des vieilles poupes. On dorait « à fond » les poupes des réales et des patronnes; on se contentait de dorer les reliefs aux galères particulières et d'en peindre le fond « de la couleur que souhaitait le capitaine ».

Les ouvrages de sculpture d'une galère senzille sont nombreux : outre la *figure* qui donne son nom à la galère et qu'on dresse à l'extrémité de la flèche de poupe, les élèves de Puget devront encore fournir au constructeur : une seconde figure qui s'en ira orner le bout de l'éperon; deux *gigantes*, montants sculptés qu'on destine à porter l'extrémité des bastets sur lesquels repose le taular de la timonière; le *couronnement*, c'est-à-dire le bordage arrondi en forme de ceinture qui couvre par derrière ce taular, et dont un bas-relief embrasse généralement toute l'étendue; le *revers du derrière de la poupe*, au milieu duquel est inscrit le nom de la galère dans un cartouche; trois panneaux enfin de chaque côté de la poupe. Le plus grand de ces panneaux, celui du milieu, renferme presque toujours une scène historique; les deux autres ne contiennent le plus souvent que des devises ou des hiéroglyphes.

Si l'on a réservé les ciselures, les sculptures, la dorure pour l'extérieur de la poupe, a-t-on du moins songé à en meubler avec une certaine élégance l'intérieur? Ce ne fut en aucun temps la coutume des galères. Je ne m'étonnerais même pas qu'entre la cabine de Lysandre et celle qu'occupera deux mille ans plus tard le duc de Vivonne, la plus spartiate des deux n'ait pas été celle que sûrement on pense. Tout l'ameublement d'une galère moderne se composait du lit du capitaine et de ceux des officiers : le meilleur de ces lits ne fut jamais qu'une simple couchette, formée de quelques planches de bois blanc que supportaient des batayolles de fer. Eh quoi! c'est là tout ce que l'arsenal de Marseille trouvait à fournir aux gentilshommes qui s'embarquaient pour aller combattre les Espagnols, les Génois ou les Barbaresques! Outre un lit, l'arsenal leur fournissait aussi deux cages pour y enfermer les volailles du capitaine, un garde-manger et une glacière fermant à clef.

Nous ne pouvons compter au nombre des meubles de la poupe le fauteuil de commandement posé sur le tabernacle. Ce fauteuil, qui descendait probablement en ligne directe du *thranos* des anciens, était le trône du haut duquel le capitaine donnait majestueusement ses ordres, quand il ne jugeait pas à propos d'intervenir dans la manœuvre par un commandement plus direct. Le tabernacle, prolongement de la coursie, était en effet un peu plus élevé que le reste de cette grande rue et formait un degré au niveau des espalles.

CHAPITRE IX.

LE FOUGON, LE CAICQ ET LE CANOT.

Si l'on étalait sur une place tout ce qu'on parvient à loger à bord d'un vaisseau, on aurait peine à croire que tant d'objets puissent tenir dans un espace si restreint.

L'étonnement serait encore bien plus grand si le problème à résoudre concernait la galère. De tout temps la galère a présenté le spectacle d'une foule humaine comprimée sous le moindre volume possible : la galère du seizième siècle nous montre cet encombrement incroyable encore accru par la nécessité de pourvoir aux divers besoins d'une navigation prolongée. Les marins de l'antiquité faisaient cuire leurs aliments à terre; ils y prenaient même la plupart du temps leurs repas; les marins du moyen âge suivaient très-probablement, chaque fois qu'ils le pouvaient, cet exemple; sur les galères modernes, au contraire, où la chiourme était enchaînée à ses bancs, il avait fallu se ménager le moyen de faire la cuisine à bord.

A la bande sénestre, là où l'on eût dû régulièrement trouver le neuvième banc, on rencontrait, non pas un banc, mais une caisse remplie d'argile sur laquelle s'établissaient les chaudières et le foyer. Cette caisse se nommait le *fougon :* elle était soutenue par quatre pieds-droits, dont deux portaient sur la couverte, à un mètre du raiz de coursier, tandis que les deux autres, — les pieds-droits de la bande, — reposaient sur les boutasses et s'appuyaient par une dent sur les baccalas. Les quatre traverses qui formaient la caisse et qui portaient un petit taular sur lequel on mettait la batterie de cuisine, étaient garnies de grandes bandes de fer qu'on clouait tout autour. Ces bandes avaient pour objet de garantir le bois des effets du feu.

La caisse du fougon n'était pas posée d'équerre sur la couverte; elle suivait le train, c'est-à-dire l'obliquité des bancs entre lesquels on l'établissait. De plus, on avait soin de la laisser mobile, de façon qu'on pût la changer de place au besoin.

En regard du fougon, à la bande droite, trouvaient place, faisant contre-poids à la cuisine, les deux embarcations de la galère : le *caïcq* et le *canot*.

Le caïcq, embarcation de six bancs et de douze avirons, longue de $8^m,45$, large de $2^m,11$, servait de chaloupe à la galère. Le canot avait la même longueur que le caïcq et six bancs également; seulement la construction en était plus légère et plus effilée. On ne donnait au canot que $1^m,84$ de largeur, au lieu de $2^m,11$.

Le canot suivait souvent la galère, traîné à la remorque; le caïcq s'embarquait presque toujours. On le déposait à bord sur des chantiers qui le tenaient élevé au-dessus de la vogue, dont il ne devait gêner en aucune façon les mouvements.

Le chantier se composait de : deux tacqs, deux bancasses, deux pieds-droits et deux *cavalets*. Les tacqs étaient deux pièces de bois d'orme posées debout contre l'apostis de la bande droite : le milieu du tacq porte à faux; les deux extrémités s'appuient par deux dents, l'une sur l'apostis, l'autre sur le grand filaret de la rajolle. On donne aux tacqs quatre-vingt-un centimètres de longueur, trente-trois de largeur et vingt-deux d'épaisseur. Deux pers, autrement dit deux chevilles de fer, les arrêtent sur l'apostis.

Deux bordages de chêne posés de plat et endentés sur les baccalas servent à porter les pieds-droits extérieurs des cavalets. On appelle ces bordages les bancasses des pieds-droits. Les bancasses ont 1m,30 de longueur, trente centimètres de large et onze d'épaisseur.

Les pieds-droits sont deux pièces de bois d'orme posées debout et enchâssées par un tenon dans une mortaise pratiquée sur la bancasse. On leur donne 2m,11 de hauteur sur quatorze centimètres en carré.

Les cavalets se font également de bois d'orme. Enchâssées de champ sur les tacqs et sur les pieds-droits, ces pièces d'orme doivent avoir une courbure naturelle. Le constructeur leur a réservé un double emploi : on s'en sert pour faire remonter le caïcq sur le plan incliné qu'elles présentent, quand on veut tirer cette embarcation à bord; une fois le caïcq embarqué, on l'assujettit sur les cavalets, qui remplissent alors l'office de chantiers. Les cavalets ont 2m,92 de long, dix-huit centimètres de large et quatorze centimètres d'épaisseur. L'extrémité courbe du cavalet est maintenue par un arc-boutant de fer qu'on arrête en dehors de l'apostis. La tête du pied-droit dépasse le cavalet d'une quantité suffisante pour servir de buttoir au caïcq et l'empêcher, quand on le hale à bord, de se renverser sur le pont.

CHAPITRE X.

LES TENTES DE LA GALÈRE.

Puisque le pont de la galère est destiné à être constamment habité, aussi bien au mouillage qu'à la mer, il lui faut nécessairement un toit. La tente est le toit de la galère : elle couvre toute la chiourme et ne demande pas moins de soixante-treize faiz comprenant huit cent quarante-quatre mètres d'étoffe. Chaque galère a trois tentes : une tente d'herbage, — c'est-à-dire de laine, — pour l'hiver; une seconde tente faite de cotonnine blanche; une troisième tente enfin, de cotonnine blanche et bleue.

La tente est soutenue par vingt-six *cabris,* — treize cabris de chaque bord. Ces cabris sont des mâtereaux de bois de faux, — autrement dit de hêtre, — qu'on amarre par le pied à l'apostis avec un cordage de huit centimètres de circonférence qui porte le nom de *couet de cabris,* et sur la tête desquels on fait reposer dans une engoujure le *mezzanin,* autrement dit la ralingue qui règne de long en long au milieu de la tente. On met les cabris des deux bandes les uns vis-à-vis des autres, afin que ces mâtereaux puissent s'arcbouter réciproquement, quand on les incline de la bande vers la coursie. Le toit ainsi formé doit, pour faciliter l'écoulement des eaux, s'abaisser à ses deux extrémités, à l'extrémité de proue comme à celle de poupe. Aussi les deux cabris du centre ont-ils une longueur de 7ᵐ,72, tandis que la longueur des deux derniers cabris de proue ne dépasse pas 6ᵐ,90 et que celle des deux cabris extrêmes du côté de la poupe atteint à peine 6ᵐ,42. Les autres cabris décroissent graduellement de longueur, suivant le poste qu'ils occupent, en allant du milieu aux extrémités. On leur donne à tous onze centimètres de diamètre.

A la tête de chaque cabri vous remarquerez un anneau. Sans cet anneau, on ne saurait où attacher le *gourdin* et l'*embroile* de la tente, c'est-à-dire les cordages qui servent à la lever et à la baisser, — en termes de galère, à l'*embrouiller* et à la *champler*.

La tente de cotonnine ne se dresse pas seulement au mouillage; on en fait souvent usage à la mer, quand on marche à la rame; mais on n'emploie alors que huit cabris au lieu de treize de chaque bord; on se contente même quelquefois d'en mâter quatre, afin de pouvoir abattre au besoin plus promptement la tente. Les arbres, — on comprend que par cette expression nous entendons les mâts, — étant alors debout, les *carnaux,* — lisez les cartahus, — qui sont passés aux calcets, — les *calcets* sont les jottereaux du mât, — suppléent aux cabris qui manquent.

En revanche, quand il s'agit de soutenir dans le port la tente d'herbage, voûte épaisse et pesante, les vingt-six cabris ne suffiraient pas. On leur adjoint, comme indispensables auxiliaires, quatre *pontaux*, espars de huit centimètres de diamètre, qu'on dresse verticalement sur la coursie et qu'on enchâsse par un canal pratiqué à la tête de l'espars dans le mezzanin. Ainsi que les cabris, les pontaux sont forcément de longueur différente. Les deux pontaux du milieu, dits *pontaux de la mezane,* ont une longueur de 7ᵐ,19; le pontal de poupe a 5ᵐ,20, le pontal de proue 4ᵐ,55.

Maintenant il s'agit de bien tendre la tente : le mezzanin est accroché sur l'arrière à la flèche qui forme l'arête centrale de la poupe, sur l'avant à un ganche dont la queue est rivée dans le *subrechapeau*. Quand je dis que le mezzanin est accroché à ce ganche, j'emploie une façon abrégée de parler. En réalité, ce qu'on accroche au ganche, c'est l'*estrop des casses* de la tente. *Casser* la tente, c'est tout simplement la roidir.

Lorsque le mezzanin est bien roide, il ne reste plus qu'à tendre les côtés. On se rappellera peut-être qu'au-dessus des apostis se prolongent, depuis les espalles jusqu'aux conilles, deux rangs de filarets. Le filaret le plus bas est enchâssé dans les batayolles de fer; le plus haut, dans les batayolles de bois. Ce filaret supérieur sert de garde-fou aux soldats rangés le long du bord, et les empêche, dans les mouvements de roulis, de tomber à la mer. C'est à ce même filaret qu'on attache les *garde-corps* et les *pavesades*, lorsqu'on se prépare au combat : en temps ordinaire on y fixe par des liens les côtés de la tente.

Croit-on que, dans la saison chaude, on pourrait supporter longtemps l'air étouffé et nauséabond qui s'amasse sous ce toit où respirent plus de quatre cents personnes? On y périrait d'asphyxie, si l'on ne prenait soin de relever fréquemment, pour renouveler l'air, les bords de la tente amarrés sur les filarets. Cette opération s'exécute à l'aide de douze espars, — six de chaque côté, — qui portent le nom de *boutefors*. Les boutefors ont sept centimètres de diamètre et une longueur variable : la longueur des deux boutefors du milieu, des *boutefors de mezane*, est de $6^m,33$; celle des deux derniers *boutefors de poupe*, de $3^m,90$; des deux *boutefors de proue*, de $3^m,57$.

CHAPITRE XI.

CALE DE LA GALÈRE.

La cale de la galère a plus de parties distinctes encore que la couverte : on l'a partagée en onze *chambres* — nous dirions à bord de nos vaisseaux en onze soutes — d'un capion à l'autre.

La première chambre se trouve directement sous la poupe et se nomme le *gavon*. C'est un très-petit réduit, un réduit qui n'a guère plus de 4^m,70 de longueur, et dans lequel il serait impossible de se tenir droit. La poupe est la salle à manger du capitaine; le gavon est sa chambre à coucher. Son lit y est généralement dressé, occupant le modeste espace de 1^m,14 en largeur, et laissant le reste du réduit aux armes qu'il importe d'avoir sous la main : fusils d'officiers, pistolets, sabres et espontons.

Après le gavon, en se dirigeant vers l'avant, vient la *chambre de poupe*, compartiment dont la longueur ne dépasse guère deux mètres, et où peuvent coucher les officiers, mais qu'on voit rarement habité, si ce n'est par quelque officier malade.

L'*office* et l'*escandolat*, séparés par une cloison dans le sens de la largeur du navire, comprennent une tranche longitudinale de 4^m,12 d'une extrémité à l'autre. Dans l'office, le capitaine installe sa vaisselle; dans l'escandolat, il distribue son linge et ses provisions.

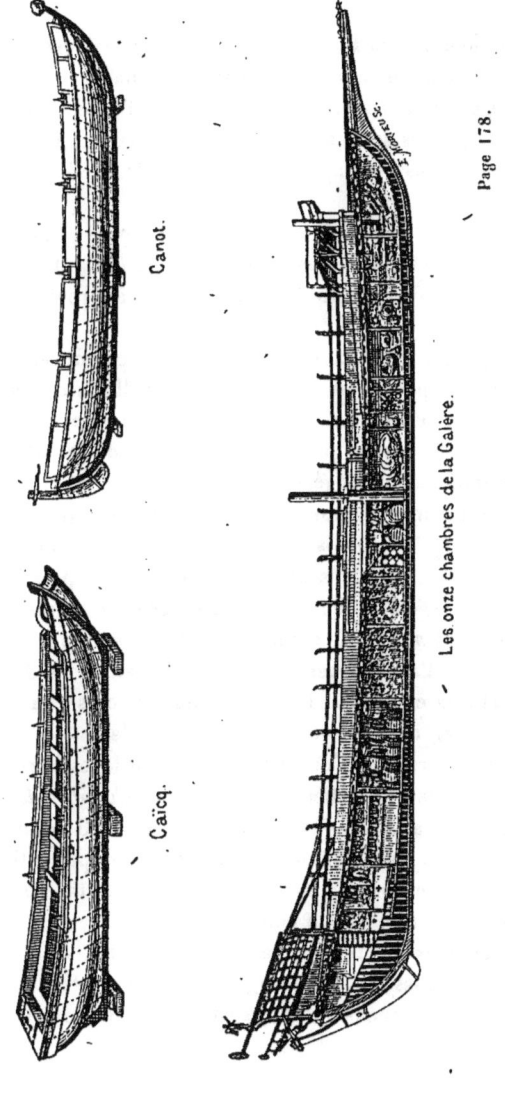

Canot.

Caïcq.

Les onze chambres de la Galère.

Page 178.

La chambre où l'on range le vin et la majeure partie des victuailles de l'équipage, bœuf salé, fromage, huile, anchois et morue, tous les vivres en un mot, à l'exception du pain et des légumes secs, se nomme la *compagne*. Cette chambre n'a guère plus de longueur que l'escandolat; 4^m,55 lui suffisent.

Le pain et le biscuit exigent plus d'espace : la cinquième chambre, désignée sous le nom de *paillot*, et longue de 7^m,30, est affectée au logement de cet approvisionnement capital.

Du paillot nous passons à la sixième chambre. Là nous trouvons la poudre et les artifices. L'artillerie d'une galère comprend peu de bouches à feu : avec une longueur de 1^m,20 prise sur la portion déjà élargie de la cale, toutes les munitions sont logées.

La septième chambre, bien qu'elle n'ait que 2^m,76 de long, n'a guère moins d'importance que la compagne ou que le paillot. Cette chambre, qui occupe à peu près le milieu de la galère, est la chambre de la *taverne ;* d'autres disent la chambre de *miége*. Le comite y tient et y débite le vin qu'on lui permet d'embarquer pour le vendre aux gens de l'équipage et à la chiourme. La taverne donne accès à la *chambre des poudres*, dont le canonnier garde la clef.

De la taverne, où l'on met aussi les cordages de rechange, nous arrivons à la huitième chambre, à la *chambre des voiles*, qui a, comme la compagne, de 4^m,70 à 4^m,50 de longueur. La *caisse des fèves*, longue de quatre-vingt-sept centimètres, peut être considérée comme une annexe de la taverne; aussi ne lui donne-t-on pas le nom de chambre.

Le compartiment dans lequel se trouvent emmagasinés les gumes et les autres cordages goudronnés mérite au contraire par ses dimensions d'être compté au nombre des chambres de la galère. Cette chambre est la neuvième. Elle a 3^m,14 de longueur et s'appelle la *chambre des sartis*. La *chambre de proue* n'est pas séparée de la chambre des sartis et est consacrée au même usage. Ce n'est donc pas ce compartiment que nous appellerons la dixième chambre ; ce sera le *taular des malades*.

Le *taular des malades* se nomme aussi la chambre du chirurgien : le chirurgien, en effet, y met son coffre à médicaments. L'argousin profite de l'espace laissé vide pour y tenir en lieu sûr ses *ferrements*. La longueur du taular des malades ne dépasse cependant pas 2^m,33.

Nous voici enfin parvenus à l'extrémité de la cale. La onzième chambre, le *gavon de proue*, qui s'étend jusque sous le tambouret, occupe là un espace de 4^m,22 en longueur. On appelle souvent ce gavon la *charbonnière*, parce qu'outre maints objets de peu de valeur, on y renferme le charbon du capitaine.

Si nous additionnons tous les chiffres mentionnés ci-dessus, nous trouverons un total de 45^m,30. Le portant sur terre de la galère est de 46^m,78. On voit qu'il y a sous la couverte peu d'espace perdu.

CHAPITRE XII.

LES HUIT BANCASSES ET LES DIX ESCOUTILLES DE LA GALÈRE.

Les pièces qui déterminent la limite des chambres et qui en soutiennent les cloisons, se nomment, comme la plupart des poutres posées en travers de la galère, des bancasses. Il y a huit bancasses dans toute la longueur de la cale. La plus forte est celle sur laquelle on arrête la cime des gumes pour les empêcher d'*échapper* et de *passer par œil,* dans le cas où les bausses qui les arrêtent sur la couverte viendraient à manquer. Les autres bancasses sont faites de bois de pin ; celle-ci est toujours une poutre de chêne, une poutre fortifiée par deux *courbatons*. Longue de 4^m,87, large de vingt-cinq centimètres, épaisse de quatorze, elle porte le nom de *bancasse de la douille*.

On a ménagé sur la couverte dix ouvertures pour descendre au fond de la galère. Ces ouvertures se nomment des *escoutilles*. Les encadrements, autrement dit les hiloires, qui les entourent, pour empêcher l'eau qu'il faut s'attendre à voir balayer continuellement la couverte, de pénétrer dans la cale, ont reçu le nom de *batiportes*. Les escoutilles sont au nombre de dix — six à la bande droite, quatre à la bande sénestre. — La première escoutille de droite, à partir de la poupe, donne accès au gavon ; la seconde donne du jour à la chambre de poupe ; par la troisième, on descend à l'escandolat ; par la quatrième, on communique avec le paillot; par la cinquième, avec la chambre de douille, où l'on *cueille* les gumes; par la sixième, avec la chambre de proue. Des quatre escoutilles de la bande sénestre, la première fournit un second jour à la chambre de poupe; la deuxième conduit à la compagne; la troisième, à la chambre de miége; la quatrième, à la douille de la gume sénestre.

Il n'y a réellement que deux grandes escoutilles : l'escoutille de la compagne et l'escoutille de la chambre de miége. Ces ouvertures sont grandes, parce qu'il faut qu'on y puisse faire passer les futailles. Les escoutilles des douilles et celles qui donnent le jour à la chambre de poupe sont très-petites; les autres sont de moyenne grandeur.

Les escoutilles doivent naturellement être fermées à la mer; les panneaux qui les recouvrent se nomment des *portaux :* il y a de grands portaux et de petits portaux, selon les dimensions des escoutilles. Le portau de la compagne est fort grand, car, ainsi que nous l'avons dit, l'escoutille de la compagne est destinée à livrer passage à des *bouttes,* — des barriques, — entières. On a pratiqué dans le milieu un second petit portau qui s'enlève quand on veut distribuer les vivres journaliers. Le portau de la chambre de miége et le portau de la compagne sont d'égale grandeur. On a jugé bon de briser le portau de la chambre de miège en deux parties. Chacune de ces parties porte, au milieu de l'escoutille, sur un *mezzanin,* autrement dit sur une traverse garnie d'une râblure de chaque côté. On laisse ordinairement une des moitiés de l'escoutille ouverte; l'autre est toujours fermée, à moins qu'on n'ait à embarquer de grosses bouttes. On assujettit d'ailleurs tous les portaux des chambres qui renferment des vivres par une bande de fer coudée qu'on fixe d'un côté à un piton attaché sur le batiporte, et qu'on arrête sur le batiporte, opposé, à l'aide d'un cadenas.

CHAPITRE XIII.

LE LEST DE LA GALÈRE.

L'arrimage ou *estive* d'une galère ordinaire, pourvue de deux mois de vivres, comprend, au fond de cale, 500 *couffes*, — en d'autres termes 500 paniers — de lest en pierres, pesant 15 tonneaux environ, et 620 boulets du calibre de 36, qu'on distribue entre les diverses chambres. Ainsi l'on met 15 couffes et 15 boulets dans la chambre de l'escandolat, 75 couffes et 60 boulets dans la compagne, 200 couffes et 230 boulets dans le paillot, 70 couffes et 72 boulets dans la taverne, 100 couffes et 193 boulets dans la chambre des voiles, 40 couffes sous les gumes, 50 boulets aux madiers de l'escasse. On embarque en outre 120 boulets pour les bastardes et 120 pour les moyennes, sans compter 12 boulets à deux têtes pour le coursier et 24 pour les bastardes. On se sert avec avantage de ces boulets ramés pour *coigner*, — c'est-à-dire pour coincer, — les tonneaux.

CHAPITRE XIV.

LES BANCS, LES PÉDAGUES ET LES CONTRE-PÉDAGUES.

On ne pourra guère me reprocher, ce me semble, d'avoir été, dans ce traité de construction renouvelé du seizième et du dix-septième siècle, trop avare de détails. Si jamais il prend fantaisie à quelque souverain, en l'an de grâce 3485, d'étudier la flotte de don Juan d'Autriche et de réaliser, pour cette marine disparue, ce que l'empereur Napoléon III voulut faire en l'année 1863 pour la flotte de César, morte de sa belle mort depuis plus de dix-neuf cents ans, point ne sera besoin de déchiffrer de vieux textes, d'interroger les colonnes rostrales et les médailles : on aura dans la description scrupuleuse que j'ai formé le projet de transmettre à la postérité, un moyen bien plus sûr de rappeler à la vie le navire qui portait le 5 octobre 1571 l'étendard du Roi Catholique. Constructeurs, mettez-vous à l'œuvre et gardez-vous seulement des commentaires imprudents des sceptiques. Si vous accordez à ce modeste travail la confiance absolue dont je le crois digne, vous ferez descendre des chantiers une *quinquérame* que le regard paternel de Jean-Baptiste Chabert ou celui d'Hubacq, son illustre confrère, ne désavouerait pas, une quinquérame en tout cas qui fera meilleure figure sur la Seine et passera plus facilement sous nos ponts que la galère à trois rangs de rames d'Asnières.

Nous avons suffisamment exploré et décrit les fonds de la galère; remontons un instant sur la couverte. Les anciens nous ont légué de grosses et longues disputes en nous transmettant des descriptions beaucoup trop sommaires de l'agencement des rames à bord de leurs navires de combat; ce n'est pas sur ce point que nous devons songer à les imiter. Pour ne pas m'exposer à tomber involontairement dans une faute qui a eu de si graves conséquences, je ne craindrai pas d'exagérer les précautions : s'il ne dépendait que de moi, on connaîtrait mieux l'appareil moteur de la galère du seizième siècle qu'on n'a jamais connu celui de nos navires à voiles ou de nos vaisseaux à vapeur.

« Les bancs de la galère, dit le traité de construction anonyme que j'ai sous les yeux, sont faits de bois de pin. On en met vingt-six du côté droit aux simples galères, dites *senzilles,* et vingt-cinq seulement du côté gauche, parce qu'on laisse la place d'un banc pour le fougon. — Par ce mot de fougon, il faut entendre, je l'ai déjà dit plusieurs fois, la cuisine. — On donne vingt-huit et vingt-neuf bancs aux *patronnes,* trente et trente et un aux *réales,* et même quelquefois trente-deux à la bande droite. »

C'est sur ces bancs qu'est assise la chiourme; c'est aussi sur ces bancs qu'elle retombe quand, après s'être levée pour plonger l'aviron dans l'eau, elle se rejette en arrière, attirant à elle la poignée et faisant effort sur l'eau qui résiste. On arrondit la face supérieure du banc; on la garnit même de vieilles *herbages,* — c'est-à-dire de couvertures de laine à demi usées, — et d'un cuir de vache par-dessus, « pour empêcher que la chiourme ne s'écorche en tombant ». On donne aux bancs $2^m,38$ de longueur, dix-sept centimètres de largeur et quatorze d'épaisseur. Les bancs posent d'un côté sur la coursie, — ou pour parler plus exactement sur le subrecoursier, — de l'autre, — du côté de la bande, — sur le courroir. Remarquez bien que ces bancs ne sont pas placés à angle droit sur la coursie; on les met au contraire de biais. L'extrémité qui porte sur la grande pièce de liaison longitudinale du centre est plus rapprochée de la poupe que l'extrémité qui touche le courroir. Pour *régler ce biais,* — autrement dit cette obliquité, — il faut, après avoir marqué de chaque côté la place des premiers escaumes de poupe sur les *apostis,* — ai-je besoin de rappeler que les escaumes ne sont autre chose que les tolets auxquels s'attachent les rames de la galère? — il faut, dis-je, marquer la distance qu'il doit y avoir de ce premier escaume au second, c'est-à-dire 1^m,245. L'intervalle maintenu entre les escaumes est également l'intervalle qui sépare les bancs. Tirant alors une ligne droite de la mortaise intérieure du premier banc au second escaume, on fixe le banc dans cette direction. Il importe beaucoup de ne pas dévier ici de l'alignement : une première erreur, se multipliant de la poupe à la proue, serait cause que les rames d'un banc viendraient frapper les forçats du banc antérieur et « les estropieraient ».

A un mètre environ du courroir, les bancs sont supportés par des *potences.* Ces potences sont des pièces de chêne longues de soixante-cinq centimètres, larges de dix-neuf, épaisses de six ou sept. Un tenon les surmonte et entre dans une mortaise pratiquée à la face inférieure du banc. Par le bout supérieur les potences sont ainsi enchâssées dans le banc, par l'autre extrémité elles le sont dans les *cordes.* Ces cordes sont des pièces de bois de pin qu'on pose de long en long sur la couverte de la galère, depuis la conille jusqu'aux espalles.

Les bancs ont pour complément les *pédagues,* les *contre-pédagues,* les *banquettes* et les *aubarestières.* On compte autant de pédagues que de bancs. Emmortaisées par un tenon dans le subrecoursier et dans le courroir, soutenues en outre par une petite potence de quarante-neuf centimètres de hauteur, les pédagues ont la même longueur que les bancs, mais elles n'ont que quatorze centimètres de largeur, au lieu de dix-sept, et huit centimètres d'épaisseur, au lieu de quatorze. Elles servent aux forçats de marchepied, quand ils se lèvent de leur banc pour voguer. On arrondit le dessus des pédagues, afin que les vives arêtes du bois ne blessent pas le pied nu qui vient y chercher un point d'appui. Les contre-pédagues sont aussi des marchepieds, mais ce sont des marchepieds posés à trois centimètres à peine au-dessous du banc antérieur.

J'ai dit que les bancs avaient pour complément les pédagues, les contre-pédagues, les banquettes et les aubarestières. J'ai déjà décrit la pédague et la contre-pédague, j'en ai indiqué l'emploi; il me reste à faire connaître le rôle de la banquette et celui de l'aubarestière.

La banquette est une pièce de sapin, large de quarante-six centimètres, épaisse de quatre et d'une longueur égale à la longueur des bancs. Elle repose par une de ses extrémités sur le raiz de coursier, par l'autre sur un petit filaret qui s'appuie contre les potences. C'est sur la banquette que le forçat appuie le pied de la chaîne, avant de le porter sur la pédague, quand il veut se relever après être tombé sur le banc. La banquette est le lit du forçat pendant la nuit.

Les aubarestières sont des planches de sapin qui arc-boutent les potences des bancs. Par une de leurs extrémités, elles portent contre les potences; par l'autre extrémité, elles posent sur le filaret du courroir. Le courroir n'est pas assez large pour qu'un homme s'y puisse étendre de toute sa longueur : les soldats auxquels est affecté ce poste de couchage ont la ressource de faire reposer leurs pieds sur les aubarestières.

Quant aux forçats, ils couchent, — nous venons de le dire, — entre les bancs, sur la banquette. On sait que sur les galères, à partir du seizième siècle, la chiourme demeurait constamment enchaînée à ses bancs. Les forçats de la bande droite étaient ferrés de la jambe gauche, ceux de la bande sénestre portaient la chaîne à la jambe droite. Quatre hommes au moins doivent trouver place dans un espace dont la largeur n'excède pas 1^m,25 ; ils se rangent de façon que les pieds de deux d'entre eux regardent la coursie, et les pieds des deux autres, le courroir. Le cinquième rameur, quand la galère se trouve au mouillage, est généralement admis à partager le poste des mariniers ; à la mer, il a la ressource de dormir sur le banc.

CHAPITRE XV.

LES RAMES DE LA GALÈRE.

On sait avec quel soin nos ingénieurs calculent aujourd'hui le pas de l'hélice qui doit mettre en mouvement nos vaisseaux à vapeur; les observations les plus délicates, les considérations les plus subtiles interviennent, quand il s'agit de régler l'inclinaison de ces ailes dont la rotation rapide imprime la vitesse au colosse dont la masse semblerait à première vue hors de proportion avec l'appareil destiné à la pousser en avant. La science du *remolat*, — c'est-à-dire du faiseur de rames, — ne saurait évidemment entrer en parallèle avec celle de nos grands constructeurs de machines; elle avait néanmoins aussi ses secrets et ses exigences. Une rame bien faite ne se trouvait pas tous les jours, et la moindre défectuosité dans la façon donnée à ce lourd engin se trahissait bien vite par la fatigue de la chiourme.

« Les rames, dit Barras de La Penne, se font de bois de hêtre, qu'on appelle bois de faux en Dauphiné, et fayard en Languedoc et en Provence. » Ce bois a l'avantage d'être à la fois flexible et résistant. Le prix d'une bonne rame était, au dix-septième siècle, de sept livres dix-huit sous et cinq deniers. L'ensemble des rames, autrement dit la *palamante* d'une galère senzille, coûtait au roi quatre cent quatre-vingt-trois livres trois sous et cinq deniers.

Il y a dans la rame deux parties bien distinctes : la partie qui est en saillie hors de la galère, et la partie qui reste en dedans, partie sur laquelle se rangent et agissent les rameurs. La longueur de la première partie, de la partie extérieure, est déterminée par la largeur du talar, c'est-à-dire par la distance qui sépare l'apostis de la bande droite de l'apostis de la bande sénestre ; la longueur de la partie intérieure est réglée par l'espace compris entre l'apostis et le subrecoursier.

Toutes les rames auront la même longueur, puisque, par suite du cadre rectangulaire posé sur la coque de la galère, tous les points d'appui sont à la même distance du plan longitudinal qui, passant par la quille, partagerait la galère en deux moitiés égales. La longueur totale de la rame, sur les galères senzilles, était de 11^m,83, de 13^m,83 à bord des réales et des patronnes, presque le double par conséquent de la longueur de nos avirons de chaloupe, longueur qui n'a jamais dépassé 7^m,25.

On appelait *pale*, — nous l'avons déjà dit, — la partie plate qui faisait force sur l'eau ; *tiers*, la partie comprise entre la pale et les caume ; *fiol* ou *genouil*, la troisième partie allant de l'escaume à la hauteur du subrecoursier ; *mantenen*, l'extrémité du fiol, autrement dit la poignée. Du bout de la pale au tiers, sur la rame de la galère senzille, on mesurait trois mètres ; la plus grande largeur de la pale se trouvait au bout extrême, où elle atteignait de dix-huit à dix-neuf centimètres, décroissant ensuite insensiblement jusqu'au tiers, dont le diamètre ne dépassait guère neuf ou dix centimètres. Du tiers à l'extrémité du mantenen, on comptait 8^m,88. A partir du tiers, le diamètre allait croissant jusqu'au mantenen, où il diminuait brusquement, car il fallait que la main du forçat pût avoir prise sur la partie de la poignée qui lui servait à diriger la rame. De neuf ou dix centimètres qu'il avait au tiers, le diamètre de l'aviron passait graduellement à quinze centimètres vers l'extrémité du fiol, à seize près du mantenen.

Semblable rame, — ai-je besoin de le dire? — n'eût jamais pu être maniée par un seul homme. On vit, au dix-septième siècle, à bord des réales et des patronnes, jusqu'à sept et huit hommes attelés au même aviron. Les galères senzilles furent généralement des quadrirames ou des quinquérames. C'est sous ce nom que nous les trouvons constamment désignées dans les divers édits de Richelieu. Le fiol n'avait qu'une courte poignée que l'on pût prendre à pleines mains; mais à partir du mantenen en allant vers le tiers, sur une longueur de deux mètres environ, se trouvait adaptée, du côté qui regardait la proue, une *manille,* pièce de bois aux quatre faces aplaties, dans laquelle on laissait autant d'ouvertures qu'il y avait de forçats assis sur le même banc. C'est par ces ouvertures que les rameurs saisissaient l'aviron pour le manier.

Posée sur l'apostis, la rame devait y être en parfait équilibre, bien qu'il y eût alors huit mètres environ de bois en dehors et 3^m,80 seulement en dedans. Voilà pourquoi l'on donnait au fiol un diamètre beaucoup plus fort qu'au tiers et à la pale, qui n'avait tout au plus que dix-huit millimètres d'épaisseur au milieu, épaisseur diminuant toujours progressivement du centre vers les bords, où elle se trouvait réduite à six ou sept millimètres. Quand l'excédent d'épaisseur du genouil ne compensait pas suffisamment la différence des longueurs, on enchâssait dans la rame, près du mantenen, une plaque de plomb qui servait de contre-poids.

Si les rames portaient directement sur l'apostis, le frottement continuel finirait par user l'apostis et la rame : on prévient cette usure par l'adjonction de l'*auterelle* et des *galavernes*.

L'auterelle est une petite pièce de bois de chêne vert, longue à peine de trente-trois centimètres, large de huit, épaisse de neuf, qu'on enchâsse sur l'apostis, à l'endroit où doit porter la rame. Les galavernes sont, comme l'auterelle, faites de chêne vert. Fixées, l'une sur le dessus, l'autre sur le dessous de la rame par deux clous et par des *trinques* d'un cordage léger connu sous le nom de *merlin*, — en d'autres termes par les tours multipliés d'une grosse ficelle, — les galavernes pourraient aussi bien s'appeler des *jumelles*, car leur emploi a un double objet : elles préservent la rame des effets du frottement et fortifient cette partie du genouil sur laquelle les rameurs font effort. On donne aux galavernes deux mètres environ de longueur, quarante-trois centimètres de largeur et quatre centimètres seulement d'épaisseur.

Sur l'apostis sont plantés les scaumes, chevilles de chêne vert légèrement recourbées. Chaque rame a son scaume, auquel on l'attache par l'estrop, cordage de 1^m,62 de longueur et de huit centimètres de circonférence. L'estrop est doublé avec des *frenelles*, c'est-à-dire fourré avec du bitord; il porte à un de ses bouts un œillet et se termine de l'autre par une queue de rat. — Je ne me charge, bien entendu, d'expliquer que les termes techniques empruntés à la langue des galères; le lecteur, au temps où nous vivons, ne peut manquer d'être familier avec la langue que l'on parle aujourd'hui sur nos vaisseaux : il serait donc inutile de lui apprendre que le *bitord* est un petit cordage composé de deux fils tordus ensemble, et que la *queue de rat* est l'extrémité d'un cordage, amincie pour en faciliter le passage dans un œillet.

Supposez la rame accostée au scaume, comment l'arrêterez-vous dans cette position? Vous l'embrasserez avec l'estrop, et, passant le bout aminci dans l'œillet, vous serrerez le nœud ainsi formé autant qu'il sera possible ; puis, afin d'empêcher le lien de se relâcher, vous enfoncerez entre les torons de l'estrop, en dehors de l'œillet, une cheville de fer, longue de vingt-sept à trente centimètres et d'un diamètre de dix-huit millimètres au milieu.

Le scaume a soixante-treize centimètres de longueur et huit millimètres d'épaisseur.

CHAPITRE XVI.

LES BOUCHES A FEU DE LA GALÈRE ET LE TAULAR DE L'ARTILLERIE.

L'artillerie d'une galère se composait généralement, au dix-septième siècle, de dix-sept bouches à feu : cinq canons rangés de front à l'avant du navire, douze pierriers plantés sur les apostis. La pièce du centre, pièce de gros calibre, portant presque toujours de trente-six à quarante-huit livres de balles, se nommait le *coursier,* — autrement dit le canon de la coursie. Les quatre autres pièces s'appelaient, les unes des *bâtardes,* les autres des *moyennes.* La bâtarde était un canon du calibre de huit livres de balles; la moyenne appartenait au calibre de six. On mettait une bâtarde et une moyenne côte à côte, à chaque conille.

Les plates-formes sur lesquelles reposent les bâtardes et les moyennes constituent le *taular* ou *table de l'artillerie.* Une pièce de bois de pin, de onze ou douze centimètres d'épaisseur, posée de champ à toucher le joug, portant par une de ses extrémités sur la tapière, par l'autre sur un gros listel, — nous disons, nous autres, un listeau, — cloué à la bitte de gauche, détermine la hauteur du taular. On nomme cette pièce de pin la *bancasse.* La bancasse doit excéder de trois centimètres environ le taular, car il faut que l'affût des bâtardes y vienne butter et ne fasse aucune force contre le joug, quand on met les canons en batterie.

Les bouches à feu de la galère n'ont jamais eu qu'un *pointage en hauteur* : glissant avec leur affût dans des coulisses, il leur est interdit de se jeter à droite ou à gauche; c'est la galère elle-même qui doit se charger du pointage en direction. L'affût porte sur des pièces de bois longitudinales appelées *anguilles*, sortes de chantiers, longs de onze ou douze mètres pour le canon de coursie, de $2^m,25$ seulement pour les bâtardes et pour les moyennes. Des listeaux de onze centimètres de hauteur posés de champ sur les anguilles empêchent les bâtardes et les moyennes de *varier*, ou pour parler français, de « dévier », dans leur recul.

La précaution serait inutile pour le canon de coursie : l'affût du coursier a toute la largeur de la rue dans laquelle cette bouche à feu avance ou recule, selon les besoins du moment. Deux tables de noyer, longues de $2^m,27$, épaisses de onze centimètres et hautes de quarante-neuf, réunies par quatre entretoises, — autrement dit par quatre traverses intérieures, — forment les *flacs* ou flasques de cet affût, qui se meut à frottement sur le plan légèrement incliné vers l'arrière que lui offrent les anguilles.

Pas de roues à l'affût du coursier, pas de roues non plus aux affûts des bâtardes et des moyennes. La culasse du canon porte sur une des entretoises, quand on veut tirer le canon à toute volée; sinon, on met dessous les coins de mire. On *cave,* pour ne pas dire, on creuse, — n'altérons pas inutilement le style des maîtres de hache, — la tête des flasques pour y enchâsser les tourillons du canon, et l'on fortifie cette partie avec un demi-collier de fer qu'on incruste en quelque sorte dans l'échancrure qui reçoit le tourillon, afin que la secousse produite par le tir ne fasse pas éclater le bois, dont le fil se trouve découpé. La partie cavée et le tourillon sont ensuite recouverts d'une bande de fer nommée *plate-bande*, qui complète le collier par lequel le canon se trouve arrêté sur le chariot sans roulettes qui le porte. C'est, à bien peu de chose près, avec de pareils affûts que nos vaisseaux ont fait toutes les guerres de la République et de l'Empire, la campagne de Crimée et la campagne d'Italie. La seule différence à noter, c'est que les chariots, au lieu de glisser à frottement sur le pont, avaient été montés sur quatre roues. Quand les gros obusiers du général Paixhans arrivèrent, les roues furent supprimées, et l'on en revint purement et simplement à la grosse et massive charrette des anciens temps. Depuis un certain nombre d'années, les affûts ont bien pris leur revanche : il y a des affûts à frein, des affûts à peignes, des affûts hydrauliques, avec corps de pompe et pistons ; tout est devenu machine à bord de nos bâtiments : l'affût, naturellement, ne pouvait rester en arrière.

L'explosion suffisait à faire reculer le coursier sur le plan légèrement incliné dont il ne remontait quelquefois que trop rapidement la pente. Pour le ramener en batterie, il fallait avoir recours aux barbettes. Les *barbettes* ne sont autre chose que des palans. Une pièce de bois d'orme est posée sur le joug, avec deux dents qui pénètrent dans les bittes. Cette pièce de bois se nomme la *pastègue*. Elle porte des rouets de bronze sur lesquels courent les *vettes*, autrement dit les garants des barbettes. Le dormant des vettes s'amarre à deux ganches ou pitons enfoncés dans l'entretoise du devant de l'affût. Tel est l'appareil dont on se sert pour rehaler le canon à son poste, après chaque coup tiré. Les bâtardes et les moyennes ont, comme le canon de coursie, leur pastègue, leurs barbettes et leurs vettes.

DEUXIÈME PARTIE.

MANOEUVRE DE LA GALERE.

CHAPITRE PREMIER.

LES ARBRES OU MATS DE LA GALÈRE.

On ne voit généralement dans la galère que le bâtiment à rames; la galère naviguait cependant moins souvent à la rame qu'à la voile; on pourrait presque dire qu'elle n'était bâtiment à rames que pour le combat. Sous ce rapport, il faudrait la comparer à nos vaisseaux mixtes qui n'ont, dans le cours ordinaire de la navigation, que très-rarement recours à leur machine.

Les galères du moyen âge n'avaient, pour la plupart, qu'un seul mât; au seizième siècle, les galères en ont presque toujours deux. Le grand mât s'appelle l'arbre de mestre, le mât d'avant se nomme l'arbre de trinquet. Ces mâts, terminés par une tête carrée qui porte le nom de *calcet*, sont ronds à partir du calcet jusqu'au niveau du pont. En dessous de la couverte, on les façonne à huit pans. Le long du calcet, dont la longueur est de 1^m,46, on applique une sorte de corbeille faite de lattes très-légères où s'assoit le matelot que l'on tient communément en vigie. Cette corbeille, qui deviendra la hune de nos vaisseaux, s'appelle la *gabie*, d'où nous avons fait le nom de gabier.

Les vergues sont de longues antennes composées de deux pièces de bois, — le *quart* et la *penne* : — ces deux pièces se croisent de la moitié environ de leur longueur. On amène souvent les antennes, quand on marche à la rame, afin de présenter moins de prise au vent. Il ne reste alors en place que deux mâts très-courts, peu chargés de gréement. Ces deux mâts seraient un bien faible obstacle à la marche ; on a voulu cependant se réserver la faculté de les abattre au besoin sur le pont. On peut les coucher ou les relever à volonté ; en d'autres termes, on les *arbore* ou on les *désarbore*. Leur étambrai a la forme d'une écoutille allongée et s'appelle à bon droit le *canal;* la traverse qui les soutient du côté où ils doivent s'abattre est amovible. Le mât de trinquet, au lieu d'être planté dans l'axe longitudinal du navire, sera un peu reporté vers la gauche, car il est nécessaire qu'il ne rencontre pas l'arbre de mestre, dans le mouvement d'abattée qui le couchera, comme cet arbre, sur l'arrière.

Les six lattes du milieu de la couverte, toutes les six de bois de chêne, sont coupées de façon à laisser entre elles une étroite ouverture, — le canal, — ouverture longue de $5^m,20$, large de $0^m,73$, qui doit maintenir, à droite et à gauche, tout en le laissant libre de se renverser en arrière, l'arbre de mestre. Les extrémités intérieures de ces lattes sont supportées par les hiloires, connus dans la langue des galères sous le nom de *bisheries du canal*. Interrompue sur un espace de $5^m,20$ représentant toute la longueur de l'écoutille, la *bisherie du milieu* reprend son cours à l'extrémité du canal. Deux courbes fortifient le raiz de coursie, à l'endroit où s'appuie l'arbre de mestre.

Le pied de l'arbre repose au fond de la galère dans un *michon*, — le michon est une emplanture, — pratiqué à la face supérieure de la bancasse qui recouvre les *escasses*, carlingues latérales qu'on ajuste de chaque côté de la contre-quille et que l'on fortifie par cinq *coignets*, — autrement dit par cinq arcs-boutants, — posés de chaque bord. Deux clefs endentées à l'extrémité avant et à l'extrémité arrière des escasses ferment le michon.

Contenu de droite et de gauche par les bisheries du canal et par des *moisselas*, — disons, pour être mieux compris, des fourrures, — cloués sous les bisheries, l'arbre de mestre a pour appui, du côté de la proue, la *chelamide*. C'est sur la chelamide que vient butter le pied du mât, quand on l'arbore ou qu'on le désarbore. Figurez-vous une pièce de bois de chêne, haute de trois mètres environ, large de cinquante et un centimètres, épaisse de vingt-trois, enchâssée par le pied dans le michon de l'arbre et arrêtée par la tête sur la latte qui ferme, du côté de la proue, le canal ; telle est la chelamide que vous pourriez retrouver encore sur les grandes chaloupes de nos vaisseaux.

Quand l'arbre est arboré, il se trouve embrassé, à la hauteur du raiz de coursie, par deux pièces de bois d'orme. Longues de près d'un mètre sur trente-huit centimètres de largeur et vingt-sept d'épaisseur, ces pièces de bois d'orme sont les clefs de l'arbre de mestre. La clef qui est du côté de la proue entre par un tenon dans un michon — le michon ici est devenu une mortaise, — michon pratiqué à la tête de la chelamide ; elle est de plus arrêtée par deux dents à queue d'hironde qu'on ménage à chacune de ses extrémités. L'une des dents, — la dent supérieure, — porte sur le subre-coursier ; la dent inférieure s'encastre dans le moisselas. La clef qui regarde la poupe n'est pas fixe comme celle qui regarde la proue; on l'enlève chaque fois qu'on veut désarborer.

On eût trop affaibli l'avant de la galère, si l'on y eût ouvert, pour la manœuvre de l'arbre de trinquet, un canal semblable à celui dans lequel se meut l'arbre de mestre. On a jugé bon de laisser sur ce point les lattes intactes, et il a fallu suppléer au canal et à la chelamide par un autre appareil. A un mètre au-dessous de la couverte et presque à toucher le joug de proue, le constructeur a posé en travers, dans le fond de la galère, une bancasse désignée sous le nom de *bancasse des bittes*. Cette bancasse, fortifiée par deux courbatons, reçoit le pied des bittes. Nous avons déjà décrit les bittes, lorsque nous avons parlé des rambades; on sait que ce sont des pièces de bois de chêne équarries, que l'on pose debout et d'aplomb sur la bancasse, où elles sont arrêtées par un tenon entrant dans une mortaise. La distance qui sépare les bittes est réglée par la largeur de la coursie. Longues de $2^m,52$, larges de trente-huit centimètres sur trente-trois d'épaisseur, assujetties par des courbes à deux branches qui s'endentent sur les lattes, les bittes s'élèvent au-dessus de la couverte de $1^m,79$, et remplissent à la fois, pour l'arbre de trinquet, l'office réservé au canal et à la chelamide dans la manœuvre de l'arbre de mestre.

Le pied de l'arbre de trinquet repose sur la conille dans un michon formé d'un côté par le raiz de coursie, de l'autre par la *cuisse du pied du trinquet*. La cuisse en question est une pièce de bois d'orme ou de chêne; longue de $2^m,27$, haute de trente-deux centimètres au gros bout, de vingt-quatre au petit, épaisse de vingt-quatre centimètres dans toute sa longueur. On pose la cuisse de champ, en travers des baccalas de la conille, et on l'y endente par une dent réciproque de quatre centimètres; la tête porte contre le joug de proue et s'endente par sa face inférieure sur la bancasse d'artillerie ; l'autre extrémité va butter contre un tacq goupillé sur l'anguille du coursier, — c'est-à-dire sur un des madriers qui portent dans son recul le canon de coursie.

Il n'y a qu'une clef à l'arbre de trinquet, et cette clef est *levadice;* une entaille pratiquée dans le *subrechapeau des bittes* remplace la clef de proue. La clef de poupe, la seule qui soit nécessaire à la consolidation et à la manœuvre de l'arbre, est endentée à queue d'hironde par ses deux extrémités sur les moisselas du trinquet. Elle embrasse la face arrière du mât par une entaille à trois pans qui répond au *quint* — c'est-à-dire au gabarit — de l'arbre en cette partie. On lui donne cinquante-quatre centimètres de longueur, trente de largeur et vingt-quatre de hauteur. Cette pièce, ainsi que nous l'avons dit, est mobile : on l'arrête, à chacune de ses extrémités, par deux pers, autrement dit deux chevilles à clavette, qui passent au travers de la clef et au travers du moisselas sous lequel on la retient par une goupille.

CHAPITRE II.

LES ANTENNES ET LES VOILES DE LA GALÈRE.

Les dimensions des mâts et des antennes n'étaient pas tout à fait les mêmes pour les réales et pour les patronnes que pour les galères senzilles. Ces dernières galères composant le gros de la flotte, ce sont les seules dont nous ayons un intérêt urgent à nous occuper. Le conseil assemblé en l'année 1691 arrêta d'une façon définitive les longueurs et les diamètres des diverses parties de la mâture, comme il avait déjà déterminé les principales dimensions de la charpente. L'arbre de mestre dut avoir, y compris le calcet, $22^m,74$ de longueur, un diamètre de cinquante et un centimètres au gros bout, de quarante-trois centimètres à l'autre extrémité. La longueur de l'arbre de trinquet fut fixée à dix-sept mètres; le plus fort diamètre serait de quarante et un centimètres; le moindre, de vingt-six. L'arbre de mestre aurait son emplanture à $1^m,57$ en avant du milieu du navire; l'arbre de trinquet se dresserait à seize mètres sur l'avant de ce même plan diamétral. Les deux mâts resteraient d'ailleurs parallèles et sans pente.

Quant aux antennes, plus sujettes à se rompre, il fut trouvé avantageux de les faire égales, afin qu'en aucun cas l'antenne de trinquet, — la plus indispensable, — ne pût faire défaut. On leur assigna donc une longueur uniforme de 33m,46 et un diamètre au fort de trente-six centimètres. Chaque antenne comprenait deux parties distinctes : la *penne* et le *quart*. La penne de mestre, longue de vingt-deux mètres, et le quart de mestre, long de 19m,50, se croisaient par une *enginadure,* — en d'autres termes par une empâture en sifflet, — sur une longueur de 8m,12. La penne et le quart de trinquet s'assemblaient également par une enginadure; seulement le croisement des deux pièces n'était pour l'antenne de trinquet que de 6m,82 au lieu de 8m,12. La penne de trinquet avait ainsi vingt-quatre mètres de longueur; le quart, 16m,24. On *enginait* les deux parties de l'antenne en plaçant le quart sur la penne, et on les liait avec quatre *trinques,* — c'est-à-dire avec quatre aiguilletages goudronnés qu'on appelait des *ligadures*. L'antenne était, en outre, fortifiée par l'adjonction de deux jumelles nommées en langage de galère des *lapasses*. Ces jumelles se plaçaient en long, l'une au-dessus du quart, l'autre au-dessous de la penne; on liait ensuite le tout avec douze petits cordages qui portaient le nom de *ligadures des lapasses*.

Chaque antenne était destinée à porter des voiles, dont la grandeur variait avec la force de la brise. Quand l'apparence du temps promettait une certaine continuité de brise faible et légère, on augmentait encore la longueur de l'antenne, en y ajoutant un *espigon,* — quelque chose d'analogue à nos bouts dehors de bonnettes. — L'espigon de l'antenne de mestre avait 6m,50 de long, celui de l'antenne de trinquet mesurait 4m,87. Le diamètre de ces deux espars était de seize centimètres au gros bout, de dix au petit bout. On les attachait à la penne par quatre ligatures.

Une mâture complète, toute de bois du Nord, coûtait au roi de 1.852 à 2.012 livres; en bois de Dauphiné, plus léger, mais moins sûr, elle ne revenait guère qu'à 1,353 livres;

en moyenne, on pouvait évaluer le prix de l'arbre de mestre à 580 livres, celui de l'arbre de trinquet à 290, de l'antenne de mestre à 470, de l'antenne de trinquet à 400. N'oublions pas les *pennons du tréou,* qui coûtaient 100 livres. Le tréou était ce que nous appelons aujourd'hui, sur les bâtiments à voiles latines, la *vergue de fortune.* Il portait une voile carrée tout à fait semblable aux voiles de nos vaisseaux, et ne servait que lorsqu'on avait le vent en poupe. Composé, comme les antennes, de deux espars, — autrement dit de deux *jambes* ou de deux *pennons,* — qui se croisaient par une enginadure de 4^m,55, le tréou avait 16^m,56 de longueur, vingt-cinq centimètres de diamètre au milieu, neuf ou dix à chaque bout.

CHAPITRE III.

LE GRÉEMENT DORMANT DE LA GALÈRE.

Le gréement de la galère était peu compliqué : les arbres se soutenaient d'eux-mêmes au mouillage, sans avoir besoin d'autre appui que leur michon, — c'est-à-dire leur emplanture, — et leurs clefs; il n'était nécessaire de les étayer que lorsqu'on faisait voile. Peu de cordages suffisaient également pour les dresser ou pour les coucher sur le pont.

Le gréement de l'arbre de mestre, indépendamment du cordage de l'antenne, se composait : de 12 *sartis*, — c'est-à-dire de 12 haubans, — accompagnés de leurs 12 *couladoux*, — en d'autres termes de 12 rides ; — de 2 *jambes de prode*, — itagues de caliornes, — d'un *carnal* et d'une *carnalette*, — grand et petit palan, — d'une *ceinturette*.

Le gréement de l'arbre de trinquet comprenait : 8 sartis et 8 couladoux, un *prodon*, un carnal et une ceinturette.

Les sartis n'étaient pas toujours en place ; la manœuvre des antennes exigeait que l'on pût, tantôt les roidir, — en terme de galère, les *entrer*, — tantôt leur *lever volte*, c'est-à-dire les décrocher. Voilà pourquoi on les terminait par les couladoux, garants de filin blanc qui passaient dans deux *tailles*, fortes poulies, dont l'une, à deux réas, — autrement dit à deux *yeux*, — était fixée par un *quinconneau*, — ce quinconneau se nommerait aujourd'hui un cabillot, — à la ganse du sartis. L'autre taille était une poulie à un œil; elle tenait par son estrop au ganche de la *laude,* — traduisez, je vous prie, au piton du porte-haubans.

Disons une fois pour toutes, afin de n'avoir plus à y revenir, que les tailles ont généralement deux yeux, que les *pastèques,* au contraire, n'ont qu'un œil, et que par *massaprez* ou *bousseaux* on entend les petites poulies qu'embrasse une estrope.

Les jambes de prode, le prodon, le carnal, la carnalette et la ceinturette s'emploient pour arborer et pour désarborer les arbres. Quand on veut arborer les deux mâts que nous supposons couchés sur le pont, on commence toujours par l'arbre de mestre; pour désarborer, c'est, au contraire, l'arbre de trinquet qu'on abat le premier. Le carnal et la carnalette sont passés dans des massaprez, dont l'un est frappé au bout du calcet et l'autre sur la clef de l'arbre. Ils servent à retenir l'arbre et à l'empêcher de *tomber à proue* quand on arbore. Les jambes de prode et le prodon sont employés : comme palans quand on dresse le mât à son poste, comme retenues quand on le laisse se renverser lentement sur la couverte.

CHAPITRE IV.

LE GRÉEMENT COURANT DE LA GALÈRE.

Pour élever l'antenne au haut du mât et pour l'abaisser sur le pont, on se servait, comme on le fait aujourd'hui à bord de nos vaisseaux lorsqu'on veut hisser ou amener les huniers, d'une itague et de drisses. L'itague se nommait l'*aman*, cordage de chanvre blanc du premier brin, long de cinquante-huit mètres et de vingt-quatre centimètres en grosseur. L'aman s'amarrait par le milieu sur l'antenne; on en passait ensuite les deux bouts dans les poulies du calcet, — autrement dit du jottereau, du placard, — fixé à la tête de l'arbre. Ces deux bouts formaient deux pendants qui se terminaient par les *tailles guinderesses*, fortes poulies dans lesquelles couraient les *vettes*, garants de filin blanc qui venaient, en descendant des tailles, passer dans les poulies du moisselas, pour aller finalement prendre retour dans les poulies du tabernacle.

Après avoir hissé l'antenne jusqu'à la tête du mât, il importait de l'assujettir, de la serrer en un mot contre l'arbre, pour que le vent ne l'emportât pas vers la proue. La *trosse*, cordage de cent mètres de long et de dix centimètres de circonférence, remplissait cet office. Frappée sur l'antenne, la trosse, — le mot a peu changé; nous disons encore la drosse,

— faisait d'abord le tour de l'arbre, passait dans une caisse de poulie sans réa, percée par le milieu, que l'on appelait *bigotte,* et recevait à son extrémité pendante un palan désigné sous le nom d'*anguy*. L'anguy se crochait, soit d'un bord, soit de l'autre, suivant les amures et l'orientement de l'antenne, sur le courroir.

Tout n'était pas fini quand on s'était mis en mesure de maintenir le milieu de l'antenne à son poste; il fallait également songer à en maîtriser et à en manœuvrer les deux extrémités. Nous allons voir comment on y était parvenu : occupons-nous d'abord de l'antenne de mestre.

A la penne de cette antenne se trouvaient attachés les deux *bragots des ostes,* itagues de vingt-trois mètres de long et d'une grosseur de quatorze centimètres. A l'extrémité des bragots étaient accrochés des massaprés; dans les massaprés passaient les *ostes,* garants de filin blanc ayant quatre-vingt-neuf mètres de longueur et dix centimètres de circonférence.

Au quart de l'antenne de mestre, on attachait également des bragots, — *les bragots d'orse à poupe*. Ce double bragot, à branches inégales, portait deux massaprés : dans l'un, on faisait courir l'orse à poupe; dans l'autre, la cargue d'avant. En sortant du massapré, l'orse à poupe allait passer dans une *pastègue,* clan muni d'un réa que l'on clouait sur l'apostis vis-à-vis le banc de l'espalle. La cargue d'avant était un autre palan, un palan à peu près de la force de l'orse à poupe : on l'accrochait, d'un côté, à la branche la plus courte du bragot, de l'autre à un ganche de fer — nous avons déjà dit bien souvent que les ganches étaient des pitons — ganche placé sous le courroir du dernier banc, du banc de la conille. A l'aide de ces deux manœuvres on orientait la voile de mestre, selon le vent, tirant avec l'orse à poupe le bout de l'antenne sur l'arrière, le rapprochant au contraire de la proue avec la cargue d'avant.

Nous rencontrerons naturellement de très-grands rapports entre le gréement de l'arbre de mestre et celui de l'arbre de trinquet; les différences ne portent que sur quelques détails. Les sartis et les couladoux sont tout à fait les mêmes. L'aman de trinquet a ses vettes comme l'aman de mestre; seulement les vettes de trinquet portent le nom d'*issons*. Les issons passent dans une taille à deux yeux qu'on appelle taillon à guinder le trinquet, puis dans une taille à quatre yeux qui se trouve fixée au pied de l'arbre. L'antenne de trinquet est, ainsi que l'antenne de mestre, pourvue d'un *cap de trosse*. — *Cap,* dans la langue des galères, signifie tout simplement amarre ou cordage. — Elle a son anguy, ses bragots d'oste, ses ostes, son orse à poupe et sa cargue d'avant. Cette dernière manœuvre, frappée au bout du quart, passe dans un massaprez qui se trouve à 3^m,25 du bout de l'éperon, arrêté sur l'éperon par un gros ganche de fer.

Les voiles de la galère ont une grande envergure, mais elles ont peu de chute, et un équipage exercé les manœuvre aisément; le gréement en est des plus simples : il se compose de quelques cargues destinées à en relever dans certains cas la ralingue de bordure, et de deux cordages — l'*escotte* et le *casse-escotte,* — qui suffisent, quand on a livré la toile au vent, pour la tendre. La voile de mestre n'est férie, — c'est-à-dire n'est enverguée, — qu'au moment même où l'on veut s'en servir ; la voile de trinquet reste toujours attachée à l'antenne. Pour la serrer, on commence par étouffer la toile à l'aide d'une cargue qui embrasse les deux côtés de la voile, et qui porte le nom de *mère gourdinière*.

L'escotte est un gros cordage de chanvre blanc fixé à l'angle inférieur de la voile du côté de la poupe. On donne à ce cordage quarante-cinq mètres de longueur et vingt centimètres de circonférence. Les garants du casse-escotte, qui n'est autre chose que le palan d'écoute, sont passés dans deux tailles : garants de chanvre blanc, ils n'ont que huit centimètres de grosseur.

CHAPITRE V.

MANŒUVRE DES VOILES ET DES ANTENNES SOUS LES DIFFÉRENTES ALLURES.

La voile ne s'oriente bien et ne produit tout son effet utile que lorsque l'antenne est sous le vent du mât. On a vu quelquefois des galères naviguer avec une antenne d'un bord et l'autre antenne à la bande opposée : cette façon négligente de disposer les vergues s'appelait, dans la marine des galères, *faire voile à la française*. Le plus communément, on portait les antennes du même bord, et si on ne les avait pas *à la bonne main*, on les changeait de bande, manœuvre fatigante et pénible, qui n'exigeait jamais moins de quinze ou vingt minutes.

Pour exécuter ce mouvement, c'est-à-dire pour *muder les antennes*, on faisait successivement le quart du trinquet et le quart de la mestre, en d'autres termes, on faisait passer de l'autre côté du mât le bout antérieur, — le quart de la vergue, — pendant qu'on la hissait lentement au haut du mât et qu'on inclinait sous l'angle voulu la penne maintenue et maîtrisée par ses ostes. Au fur et à mesure que l'antenne s'élevait, des hommes rangés sur les couladoux de la bande opposée roidissaient les sartis du vent.

Quand la brise est variable, ou quand la route est sinueuse, on est quelquefois obligé de faire le quart deux ou trois fois dans un jour. C'est toujours par la mestre que le mouvement commence. Rien ne fatigue plus une chiourme que cette manœuvre. En effet, ce n'est pas en un seul temps que l'opération s'achève : il faut hisser deux ou trois fois l'antenne avant de réussir à la faire passer du bord où l'on veut la mettre, puis l'amener et la hisser encore, quand on y a de nouveau envergué la voile.

A bord d'un bâtiment qui marche à la rame, il importe de laisser le moins de prise qu'il se peut au vent. Aussi l'usage généralement admis sur les galères était-il de se défaire des voiles, tout au moins de la voile de mestre, aussitôt que le vent calmait ou devenait contraire. La plupart du temps on amenait les antennes sur le pont pour les dégarnir, puis on les rehissait et on les apiquait le long des mâts. On les amenait de nouveau lorsqu'on voulait enverguer les voiles.

Avant de quitter le port, le comite a pris soin de faire dégager la chambre des voiles : il s'est assuré que toutes les voiles seront prêtes au moment du besoin, surtout la *voilette* et le *trinquenin*, — le petit trinquet, — qui sont les voiles dont on se sert, quand le vent est fort et rude. Veut-on enverguer une voile, on commence par la sortir de la soute et par l'élonger, — la *prolonger*, disent les marins du Levant, — sur la coursie. Généralement on envergue le trinquet et la mestre à la fois. C'est, nous dit-on, « la maxime en galère de faire tout le service vite, surtout lorsqu'on est plusieurs galères ensemble ». Une voile est bien férie quand elle est férie au tiers, c'est-à-dire quand elle est enverguée de façon que les deux tiers de la voile se trouvent du côté de l'antenne qui regarde la poupe, un tiers seulement en avant du mât, du côté de la proue.

Supposons maintenant une escadre de galères à la mer.

Les rames ont été *fournelées,* c'est-à-dire levées hors de l'eau et attachées au banc par la poignée. Le général s'adresse au come réal, — comite et come, c'est tout un. — « Notre homme, lui dit-il, avertissez qu'on va faire voile. » Le come fisque, — *fisquer* veut dire siffler quand on parle le langage des bâtiments à rames : — le général se tourne alors vers le pilote et lui donne ses ordres. Le pilote est chargé du service des signaux : si la brise est fraîche, il fera le signal de la voilette et du trinquenin.

Au coup de sifflet du comite, tous les vogue-avants de la droite et de la sénestre, — c'est-à-dire tous les rameurs placés à l'extrémité de chaque rame pour la diriger, — se lèvent de leur banc et montent sur la coursie. Chacun d'eux tient à la main un *mataffion,* — en d'autres termes un raban d'envergure. — Les antennes, pendant ce temps, ont été amenées à la hauteur d'homme : les trois haubans de proue, — les trois *sartis proyères,* — du côté de l'arbre où se trouve l'antenne, sont décrochés et rangés le long du mât; les trois autres sartis, — les *sartis poupières,* — sont simplement mollis au fur et à mesure qu'on amène les antennes. On les fait ensuite passer sur la coursie entre les mains des vogue-avants de la droite, qui les tiennent ainsi jusqu'au moment où l'on rehisse l'antenne. En un mot, on ne laisse aucun sartis en place sous le vent de la voile : les trois sartis proyères sont amarrés le long du mât; les trois sartis poupières sont crochés au vent sur la coursie.

Au commandement de : « *Férissez la voile !* » on commence par attacher le mataffion du quart, qui porte aussi le nom de *mataffion du féridor,* et qui correspond à notre raban d'empointure. Une fois ce mataffion solidement amarré, les vogue-avants qui sont rangés debout sur la coursie, avec leurs mataffions à la main, font tous ensemble effort pour porter la ralingue de la voile à poupe. Quand ils ont bien roidi cette *ralingue têtière,* quand ils l'ont fait courir jusqu'au bout de la penne, ils attachent à l'antenne leurs mataffions. Le comite prend soin de vérifier si la voile est solidement férie, donne alors un coup de sifflet et commande : « *Arma vettes! Retourliez le gourdin à la voile! Alerte à bien hisser tout le monde!* »

Il est inutile de rappeler ici que les vettes sont les drisses de l'antenne; quant au gourdin, c'est un petit cordage fixé par un de ses bouts à l'antenne, arrêté ensuite, — autrement dit *retourlié,* — vers le milieu de la ralingue de chute, — en terme de galère, vers le milieu de la *bolume,* — à une ganse de toile appelée la *poupre,* dont la queue est cousue à la voile par cinq branches de chaque côté. Le gourdin sert à tirer la voile en dedans de la galère, quand on amène l'antenne.

Les forçats se sont rangés d'un bout à l'autre de la coursie sur les vettes. Le comite commande : « *Hisse tout d'un temps!* » Aussitôt que le vent a enflé les premiers plis de la voile, l'antenne s'est trouvée naturellement emportée vers la proue, mais les précautions sont prises pour en rester maître : l'escotte est déjà roidie, et l'orse à poupe, les ostes, la cargue d'avant sont aux mains de gens habiles à en tirer parti. Pendant que les caps de garde, — les quartiers-maîtres, dirions-nous, les hommes de pied de mât, — mollissent peu à peu les ostes et la cargue d'avant, un certain nombre de mariniers agit sur l'orse à poupe, et rapproche le quart de l'arrière du navire. C'est ainsi qu'on oblige l'antenne à monter carrément.

Dans le cours de la navigation, il n'est guère qu'un moyen de se défaire de la voile de mestre; on amène l'antenne et l'on dévergue la voile. On laisse au contraire, généralement, le trinquet envergué, et, quand on veut marcher uniquement à la rame, on le fait *plier*, — autrement dit, serrer, — par des matelots qui montent sur l'antenne. L'opération est loin d'être sans péril : plus d'une fois, en l'exécutant, des mariniers sont tombés à la mer. « Cela n'est rien, observe avec sang-froid un vieux comite endurci par de longues années de service, cela n'est rien, mais on a vu aussi des mariniers tomber sur le pont de la galère, et ceux-là non-seulement se sont tués, mais ils ont aussi causé la mort des forçats sur lesquels ils sont tombés. »

Vous tenez sans doute, après cette remarque lugubre, à savoir comment on s'y prend pour ployer en haut le trinquet et le serrer sans le déverguer. Six bons matelots, choisis parmi les plus agiles, reçoivent chacun une bausse, ceinture de corde par laquelle ils vont s'attacher aux rabans d'envergure. On leur donne en outre une poignée de *joncs cordonnés* qui doivent leur tenir lieu de nos rabans de ferlage. Ainsi munis, ces six matelots grimpent tout le long de la vergue, s'échelonnant jusqu'au bout de la penne. Quand ils se sont attachés à l'antenne avec leur bausse, le comite fait *assimèr le quart* par des marins placés sur la rambade : assimer le quart, c'est apiquer l'antenne le long du mât. Le quart est de cette façon attiré sur l'arrière, et son extrémité touche le pied du mât. Les matelots descendent peu à peu du bout de la penne vers le bout du quart, ployant et serrant la voile en chemin.

Le vent qui souffle tout à fait en poupe n'est pas un vent commode à bord de la galère : si l'antenne de mestre et l'antenne de trinquet restaient du même côté, la voile de trinquet, complétement abritée par la mestre, deviendrait inutile ; elle ne ferait plus que battre et frotter sur l'arbre. Pour que le trinquet puisse encore servir, il faut faire le quart du trinquet et muder l'antenne. Les voiles seront ainsi *espaze et poigneaux*, autrement dit en *oreilles de lièvre*, ce que nous appelons aujourd'hui en ciseaux, une antenne à la drette, une autre à la sénestre.

Tous ces mouvements d'antennes sont des manœuvres aussi délicates que pénibles. Il existe trois manières d'amener les antennes suivant l'allure sous laquelle on navigue. Cingle-t-on vent arrière, avec une antenne à la drette, une autre à la sénestre, il faut amener l'antenne du trinquet la première, l'amener toujours en croix, jusqu'à ce qu'elle soit à *taille et trosse*; faire ensuite bien *chagner les ostes*, de façon à faire passer la penne du trinquet au-dessous du quart de la mestre. Lorsque la penne a passé, on fait de nouveau amener un peu l'antenne de trinquet en continuant de *chagner les ostes* et en *carguant le devant* jusqu'à la marque. Puis enfin on amène tout bas l'antenne, faisant toujours *recouvrer* la voile par les matelots placés sur la rambade et par les forçats debout dans la galère. Ayez soin qu'en même temps on molle l'orse à poupe.

Ce vocabulaire étrange ne vous laisse probablement que des notions passablement confuses sur la manœuvre que je viens de décrire. Quelques éclaircissements ne seront pas à ce sujet superflus. L'antenne de trinquet, on l'a vu, doit s'amener en trois temps. Dans le premier temps cette antenne descend carrément, orientée transversalement à la quille et au mât; dans le second, on abaisse la penne vers le pont en pesant sur les ostes, c'est-à-dire sur les palans de garde attachés de chaque côté à la partie supérieure de la vergue; puis on hale le palan d'amure, — la cargue d'avant, — en mollissant cet autre palan, l'*orse à poupe,* qui retient le bout inférieur de l'antenne sur l'arrière. L'antenne se range ainsi peu à peu dans le sens de la quille; c'est alors qu'intervient le troisième temps de la manœuvre, temps où l'antenne s'amène tout à fait.

L'antenne de mestre, dont on s'occupe ensuite, s'amène d'abord en croix, comme l'antenne de trinquet. Quand elle est suffisamment abaissée, faites bien changer vos ostes en mollant l'orse à poupe; ne négligez pas de faire aller, — ou haler, — le gourdin de la voile pour tirer au fur et à mesure la toile en dedans de la galère; carguez ensuite votre devant de mestre et amenez encore un peu l'antenne, en mollissant vos sartis sous le vent. Lorsque vous êtes maître de votre voile, amenez tout à fait votre antenne, sans cesser de carguer toujours votre devant, jusqu'à ce que le quart de mestre ait évité les sartis de trinquet. Les matelots de la rambade se chargeront alors de porter le quart de l'antenne de mestre jusqu'au pied de l'arbre de trinquet, et l'antenne s'amènera tout naturellement dans le milieu de la coursie, parallèlement à la quille de la galère.

Quelle est donc cette langue qui n'a pas un terme technique que nous puissions comprendre, nous autres marins de vaisseaux ronds, aussi étrangers à ces expressions bizarres, après toute une vie passée à la mer, que pourrait l'être un élève du lycée Condorcet ou un scoliaste d'Alexandrie? Cette langue est un idiome appartenant en propre à la marine à rames, un idiome dérivé de la langue franque, un idiome à l'aide duquel parvinrent naguère à s'entendre des gens rassemblés des quatre coins de la Méditerranée, des Français, des Italiens et des Espagnols, des Grecs et des Turcs, des Arabes et des Maures. Nous ne la connaissions pas; il nous a paru bon de l'apprendre, avant de nous mêler par la pensée aux combattants qui n'en parlaient pas d'autre. La langue franque n'est pas plus difficile que le latin ou le grec; elle a été presque aussi répandue.

Lorsque vous « allez à bon vent », c'est-à-dire quand vous courez largue, vous avez vos deux antennes du même côté; vous pouvez alors amener vos antennes en un seul temps; vous le pouvez encore à plus forte raison, lorsque vous courez au plus près.

Les voiles de la galère sont des voiles latines, c'est-à-dire des voiles triangulaires : un des côtés du triangle est attaché de long en long à l'antenne; un seul angle reste libre; c'est par un cordage fixé au sommet de cet angle que l'on tend la voile. Ce cordage, nous l'avons déjà dit plus haut, se nomme l'escotte. On lui donne quarante-cinq mètres de longueur et vingt centimètres de circonférence.

Sur l'escotte se trouve frappé le palan à deux tailles, qui porte le nom de casse-escotte, et qui permet de bien tendre la voile, sans avoir besoin d'employer un trop grand nombre de bras. Le casse-escotte de trinquet est aiguilleté, sous le vent de l'arbre de mestre, à un ganche rivé dans le subrécoursier; le casse-escotte de la mestre prend son point d'appui sous le parquet des espalles, à un mètre environ du joug de poupe.

CHAPITRE VI.

MANIÈRE DE METTRE LA GALÈRE A LA BANDE, POUR L'ESPALMER.

Lorsque l'armement est terminé, il reste encore, avant de songer à sortir du port, quelques dispositions à prendre. La carène des galères n'était pas, comme celle de nos vaisseaux, doublée de feuilles de cuivre ; on se bornait à l'*espalmer*, c'est-à-dire à l'enduire d'une bonne couche de suif qui se renouvelait deux ou trois fois l'an. On estimait à 780 livres la quantité de suif nécessaire pour bien espalmer une galère senzille. Les herbes et les coquillages ne tardaient guère à couvrir cet enduit ; aussi un général prudent se fût-il bien gardé de prendre la mer avant d'avoir fait nettoyer et frotter avec des balais la carène. On sait que rien ne nuit plus à la rapidité du sillage qu'une carène qui a cessé de présenter à l'eau que l'étrave divise une surface tout à fait exempte d'aspérités ; le frottement de l'onde sur les flancs du navire constitue un très-grand obstacle à la marche.

Voici de quelle manière vous procéderez à l'opération de l'espalmage : faites préparer vos balais et vos *radables*, — les *radables* devaient être des grattes ou des fauberts ; mon érudition demeure très-perplexe sur ce point. — Passez ensuite vos sartis par-dessus vos antennes, et donnez ordre de les bien roidir. Qu'on double en même temps les saisines des bâtardes et celles des moyennes, — en terme de galères, on appelait cela *risser* les canons. Lorsque canons et mâts seront bien assujettis, envoyez le caïcq et le canot se ranger le long du bord que vous voulez espalmer. Dans le caïcq s'embarqueront les timoniers, les caps de garde et toute la maistrance, tenant à la main les radables ; dans le canot, vous mettrez, sous la surveillance du sous-comite, des Turcs déferrés que vous munirez de balais. Les rames des deux embarcations ont dû être déposées sur l'éperon ou bien dans la coursie, le plus près possible de la proue.

Il ne s'agit plus maintenant que de *mettre la galère à la bande*. Pour lui donner l'inclinaison voulue, on fait passer toute la chiourme du côté où l'on prétend que la galère se penche. Si le poids de la chiourme ne suffit pas, on fait *coniller,* — rentrer, — quelques rames de la proue. Il faut prendre garde cependant de ne pas laisser, dans ce mouvement d'abatage, l'apostis entrer tout à fait dans l'eau ; la galère serait exposée à chavirer. Tant que l'apostis reste hors de l'eau, il n'y a rien à craindre. Le pilote d'ailleurs et le sous-pilote, assistés du sous-comite de la mezane, veillent à ce que personne ne bouge de son poste. Si la galère venait à incliner d'une façon dangereuse, ils avertiraient le comite, qui ferait redresser sur-le-champ.

Au fur et à mesure que la bande opposée émerge, les Turcs qui sont dans le canot frottent la carène avec leurs balais ; les gens du caïcq viennent ensuite et complètent l'opération à l'aide de leurs radables. On nettoie ainsi toute la carène de la poupe à la proue.

Lorsqu'on a fini de frotter un des côtés de la carène, on met la galère à la bande sur l'autre bord : balais et radables reprennent aussitôt leur besogne. Pendant ce temps, la chiourme profite de l'occasion pour se laver les bras et les jambes.

A peine la carène est-elle espalmée qu'on s'occupe de suiver l'arbre de trinquet et l'arbre de mestre.

CHAPITRE VII.

MANIÈRE D'APPAREILLER.

Tout est prêt ; les moutons mêmes, la dernière chose que l'on doive embarquer, sont à bord ; les pilotes envoyés au dehors pour s'assurer de l'état du temps ont fait leur rapport : le temps est favorable, rien ne s'oppose plus au départ. Le général sort de la poupe de sa galère réale, s'approche de l'habitacle, consulte le pennon : « Notre homme, dit-il, après cet examen, au come réal qui attend respectueusement ses ordres, avertissez que nous allons partir : que le canon soit leste, — c'est-à-dire préparé, — pour tirer le coup de partance ! »

Le come réal fisque et prévient le maître canonnier qu'il ait à se tenir prêt. Le général commande : « Boute-feu ! » Les autres galères imitent sur-le-champ la capitane.

Le come donne un nouveau coup de sifflet pour avertir la chiourme que le moment est venu d'abattre les tentes : « *Leva lengue !* — Silence, si je ne me trompe. — Tout le monde *fore du coursier*, — hors de la coursie, — et tout le monde à *sa poste !* » — à son poste, ceci s'entend de reste ; je n'ai pas besoin d'insister. — Les mariniers montent sur la rambade, les pilotes ont sauté sur la poupe, le comite sur la coursie, les caps de garde se sont portés aux ostes, les timoniers à la timonière ; les canonniers, vous les trouverez à proue avec le lieutenant ; le sous-lieutenant, autrement dit l'enseigne, se tient à la mezane, — la mezane est le milieu du navire. — Le général, à bord de la réale ; le capitaine, dans les autres galères, reste debout sur le tabernacle.

Quand chacun se trouve ainsi à son poste, les forçats de la bande, — c'est-à-dire les forçats le plus rapprochés du bord, — saisissent la queue du cabry, qu'ils ont sous la main, et au commandement : « Abattez! » rentrent tous les espars qui soutiennent la tente. Une fois la tente à bas, les vogue-avants et les apostis, — les deux premiers rameurs à partir du centre, — se lèvent tous en même temps pour rouler la toile et pour la serrer.

Au commandement : « *Pliez la tente et saille à poupe!* » on décroche la tente, on la plie, et on l'étend ainsi des conilles aux espalles.

« *Forc coursier! Mettez la tente dedans! Vogue-avants et apostis, haut le cartier!* »

Les panneaux qui recouvrent le canal de coursié sont enlevés, et la tente est rangée dans le long compartiment destiné à la recevoir.

« *Serre coursier!* »

Les panneaux sont remis en place. « *Vogue-avants et apostis sentabas! Quinquerols et quarterols debout! Prenez les cabris, prolongez-les le long de la galère et tenez-les à la main le petit bout à poupe!* »

Les quinquerols et les quarterols, en d'autres termes les forçats de la bande, les rameurs en abord, saisissent les cabris et les tiennent dans la position qui vient de leur être indiquée.

« *Passe les cabris à la bande et arrisse!* »

Les cabris sont posés le long du bord ; on les *arrisse*, — c'est-à-dire on les lie, — à la bande.

« *Sentabas tout le monde!* » Chaque forçat s'assoit de nouveau à son banc.

Ne perdons pas de temps; il faut maintenant se hâter de rentrer à bord les *prouys,* — amarres qui retiennent la galère accostée au quai, — si telle est la position du navire, ou les *palomeras,* si la poupe est restée tournée du côté du rivage. Mais, avant tout, faisons ramasser les *boujacques* des forçats. — *Boujacques* est un mot réellement bien étrange; il doit signifier casaque, à moins qu'il ne signifie gobelet, boujaron : ces *boujacques* restent d'habitude au mouillage suspendues sous les bancs. Posons aussi les *pintes* remplies d'eau *à plan* — pour ne pas dire à plat — sur la couverte. Qu'il n'y ait rien, absolument rien de pendu sous les bancs, non plus qu'à la rajolle, encore moins dans les chambres! Enlevez le filaret d'en haut, débarrassez le filaret d'en bas de tout ce qu'on y aurait accroché; faites passer les mariniers à la bande.

Les mariniers passent entre les bancs, s'embarquent dans le caïcq et le canot, puis, se *tirant à poupe,* attendent de nouveaux ordres, les mains sur le bout du *rem,* c'est-à-dire de la rame, dans la posture qui convient pour voguer. « *Partez!* » crie le comite réal. Toutes les embarcations des galères débordent à la fois et se dirigent, rangées sur une ligne de front, vers la terre, les canots derrière les caïcqs. Elles s'arrêtent à quelque distance du rivage ; quatre hommes se lèvent dans chaque embarcation et se tiennent debout sur les bancs de la proue.

« *A la mer! et lève vaute!* » commande le comite. Les quatre hommes se jettent à la mer et détachent les amarres de poupe ou celles de côté, selon que la galère est retenue au rivage par le flanc ou par la poupe. Du bord on *recouvre les caps,* — nous dirions aussi bien : on rentre les amarres. —

Ceci fait, les *prouyers,* c'est-à-dire les gens de proue qui se sont jetés à la mer, remontent dans les caïcqs et dans les canots, puis les embarcations regagnent toutes ensemble les galères d'où elles sont parties.

La chiourme de nouveau s'est assise; — elle est à bas, pour parler le langage des gens avec qui nous vivons. — Au coup de sifflet du comite, elle ôte rapidement et casaque et chemise. Elle demeure ainsi entièrement nue, du moins nue jusqu'à la ceinture. Le moment de l'appareillage approche. Les capitaines de galères n'ont pas tous au sujet de cette manœuvre capitale les mêmes idées : les uns sont d'avis qu'il convient de lever le fer avant d'embarquer les caïcqs et les canots; d'autres soutiennent qu'il est préférable de ne déraper que lorsque les embarcations ont été halées à bord — je dis halées, car on ne les hisse pas pour les mettre sur le pont; on les hale. — La galère n'a pas, comme nos vaisseaux, de fortes et longues vergues, saillant en dehors, auxquelles on puisse suspendre, ne fût-ce que pour un instant, les chaloupes. Sur les vaisseaux mêmes, on hésita longtemps à imposer semblable fatigue à ces espars, qui pouvaient, à la moindre secousse, craquer et se rompre sous l'énorme poids qu'on leur eût donné à porter, et, jusqu'à la fin du dix-huitième siècle, on vit les lourds esquifs monter péniblement le long des flancs du navire, uniquement tirés par les palans d'étai. Ce fut un très-grand progrès quand on s'imagina de faire passer par-dessus la muraille, à l'aide des palans de bout de vergue, la chaloupe, hissée d'abord d'aplomb, puis amenée en dedans par le palan d'étai. C'est à dater de cette époque que l'on prit le parti de fermer les passe-avants, de continuer la muraille, autrefois coupée entre les deux mâts, de bout en bout, et de déposer la chaloupe sur le pont, au lieu de la descendre dans la batterie haute, où elle gênait considérablement la manœuvre des canons. Ne pouvant se servir de leurs antennes, trop fragiles, quelque soin qu'on pût prendre pour les fortifier et pour les soutenir, les comes des galères ne se montrèrent pas moins ingénieux que nos maîtres d'équipage : ils eurent recours à la palamante.

« *Notre homme,* dit le capitaine, *avertissez qu'il faut défourneler!* »

Les forçats, au coup de sifflet du comite, portent la main à la rame et se tiennent prêts à la dégager du fourneladou.

« *Défournelez!* »

La chiourme se lève tout à la fois et se rassied, dès que la rame est libre.

Supposons qu'avant d'embarquer les caïcqs et les canots, ou veuille serper le fer, — en d'autres termes lever l'ancre, il suffira de commander alors :

« *Quartier d'à proue, du côté de la gume, rem à la bas et hale la gume tout d'un temps!* »

Les forçats placés sur les bancs, qui, du côté du câble, occupent l'espace compris entre l'arbre de mestre et les conilles, engagent de nouveau la poignée de leur rame dans le fourneladou, afin d'avoir ainsi les mains entièrement libres; puis, saisissant le câble, ils font un vigoureux effort, obligent le fer à quitter le fond et finissent par l'amener sur le tambouret. Aussitôt après, ou mieux encore simultanément, ils rangent le câble pli par pli dans sa chambre.

La galère n'a plus une amarre au rivage, plus un grappin au fond; il faut la soutenir le plus tôt possible contre le vent et la mer, en se mettant en mesure de faire usage des rames.

« *Quartier qui a serpé arme rem, et prenez garde à*

la pale! Notre homme, avertissez que l'on va mettre les caïcqs et les canots dedans! »

Le come fisque et commande : « *Caïcqs et canots à la poste! Alestissez les barbettes et mettez la galère à la droite!* »

Qu'on n'oublie pas que le fougon est établi, avec sa caisse rectangulaire, à bâbord, et que le côté de tribord a été réservé aux embarcations. C'est toujours par le caïcq que la mise à bord des embarcations commence. Les barbettes sont des cordages à une branche qui servent à haler en dedans le caïcq et le canot; chaque barbette porte à son extrémité un ganche, — les ganches sont aussi bien des crocs que des pitons, — porte donc, dirons-nous, un ganche ou un croc que l'on accroche à des anneaux rivés à poste fixe à la flottaison du caïcq. Quand les barbettes ont été crochées et que le caïcq se trouve disposé le long du bord, présentant le flanc à la palamante, il suffit de déplacer une partie de la chiourme pour mettre la galère à la bande. Les rameurs de bâbord, — de la bande sénestre, — se serrent vers la coursie; les mariniers placés sur la rambade de gauche se portent tous sur la rambade de droite; ceux des espalles exécutent le même mouvement : la galère se penche, et les pales trempées de plat dans l'eau forment un plan incliné.

Sur ce plan incliné le caïcq vient s'échouer en travers au commandement : « *Hale tout d'un temps!* » les barbettes se roidissent, et l'embarcation tirée à la fois, tirée carrément, par la proue et par la poupe, monte d'abord en glissant sur les rames, puis des rames va s'asseoir sur les cavalets.

« *Arrisse et décrosse les barbettes!* »

Le caïcq est solidement saisi, « bien *rissé* et bien *bitté* avec des *manivelles* », — autrement dit bien amarré et bien coincé; — les barbettes ont été décrochées : passons maintenant au canot.

Le canot se met généralement à côté du caïcq ; beaucoup de capitaines préfèrent cependant le placer à côté du fougon. Dans ce dernier cas, il faut naturellement, pour le haler à bord, commencer par coucher la galère sur son flanc gauche, en d'autres termes par la *mettre à la sénestre*. De toute façon l'embarquement du canot, beaucoup plus léger que le caïcq, sera l'affaire d'un instant : que la chiourme se tienne prête à voguer !

CHAPITRE VIII.

RÉPARTITION DE LA CHIOURME. — COMPOSITION DES ÉQUIPAGES.

De tous les détails qui incombent au comite, un des plus importants est sans contredit celui qui concerne la distribution de la chiourme sur les bancs de la palamante. Le comite doit connaître la vigueur et les aptitudes de chacun de ses hommes ; c'est donc à lui que revient naturellement le soin de faire autant que possible part égale à toutes les *bancades*, — la bancade, c'est le banc garni de ses rameurs. — Un banc trop faiblement armé ne manquerait pas d'incommoder de la façon la plus grave et la plus fâcheuse les deux bancs entre lesquels il se trouverait placé. On a vu bien souvent des bancs à bout de forces rompre à eux seuls la mesure de la vogue et « faire crever deux ou trois bancades de suite ». Comment! « faire crever? » Faut-il prendre le mot à la lettre? Parfaitement! Les coups de rames que les forçats se donnaient mutuellement au dos et à la tête leur ont souvent causé de telles contusions qu'ils en sont morts.

Là où vous avez un bon vogue-avant, ne craignez pas de mettre un apostis médiocre ; renforcez surtout les bancs des espalles : ce sont les espaliers, — vogue-avants du banc des espalles, — qui donnent le branle à la vogue. Choisissez donc pour occuper ce poste les forçats les plus vigoureux ; assurez-leur, en outre, le secours de bons apostis. Pour les bancs des quartiers, — on sait que par quartiers il faut entendre la division de la vogue en trois parties égales, — comme pour les bancs des espalles, n'hésitez pas, chaque fois que vous le pourrez, à prendre des Turcs : les Turcs sont généralement plus forts, plus durs à la fatigue que les forçats ordinaires. Si les Turcs font défaut, remplacez-les par des mariniers de rame, par des *buonevoglie,* — autrement dit des forçats volontaires. — En somme, si vous disposez de deux cent soixante-dix-sept rameurs, composition habituelle de la chiourme à bord d'une galère senzille, voici de quelle façon nous vous conseillons de les répartir.

Vous chargerez un forçat, autant que possible un Turc, du service du gavon et de la chambre de poupe; vous mettrez un autre forçat à la chambre de l'escandolat, un à la compagne, un troisième au paillot, deux au fougon pour donner à manger aux volailles, pour nettoyer les cages et le banc, deux à la taverne, deux à la chambre de proue. Ce sont déjà dix hommes à distraire du service de la vogue. Bien qu'ils soient dans la force de l'âge et des meilleurs hommes de la chiourme, ces forçats portent le nom de *mousses.*

Les deux bancs des espalles demanderont pour le moins dix rameurs, y compris les deux espaliers : à ces dix rameurs, ajoutez trois *tire-gourdins* par rame. Rangés sur la poignée du côté de la poupe à laquelle ils tournent le dos, les tire-gourdins tirent à eux la rame au lieu de la pousser. 16 hommes aux espalles, 12 aux deux bancs qui suivent, 12 aussi aux deux bancs de quartier feront, avec les 10 mousses des chambres, 50 hommes employés. Il en reste 225 à distribuer entre quarante-cinq bancs : ce sera tout juste cinq rameurs par banc.

Le capitaine Pantero Pantera estimait que trois hommes par banc devaient suffire dans le cours d'une navigation ordinaire. « Le roi Philippe II, écrivait-il en l'année 1614, entretenait constamment sur les côtes de la Méditerranée une flotte nombreuse de galères qu'il avait partagée en diverses stations. Il s'était ainsi assuré le moyen de transporter des vivres, des munitions, des troupes, sur les points où semblables envois devenaient nécessaires. Chacune des galères dont se composait cette flotte, aussi bien les galères dépendant du trésor royal que celles qui étaient la propriété de certains armateurs génois, recevait cent soixante-quatre rameurs, — c'est-à-dire trois rameurs par rame, — en y comprenant les mousses de la poupe et ceux des autres chambres.

« Dans la guerre de course, au contraire, ajoute le savant auteur de l'*Armata navale*, les galères subtiles, — autrement dit les galères aux formes effilées, — galères de vingt-cinq et vingt-six bancs de chaque bord, doivent avoir au moins cinq hommes par rame, de la poupe à la proue, en supposant que la chiourme soit bonne. Si la chiourme est peu exercée, cinq hommes ne suffiront pas : les forçats se fatigueront bientôt et tomberont malades; il faudra donc avoir des rameurs de rechange. Sur les galères bâtardes, — c'est-à-dire sur les galères plus lourdes et plus renflées des hanches, — on fera bien de placer au moins six hommes par rame, à partir des espalles jusqu'à la mezzanie, — ou mezane, — et cinq de la mezzanie à la proue.

« Avec quatre hommes par banc, on peut encore songer à livrer bataille, surtout si l'on a soin de tirer de la flotte une escadre légère, escadre tout entière composée de bons bâtiments, et dont on renforcera particulièrement la chiourme. »

CHAPITRE IX.

NAVIGATION A LA RAME.

La coutume générale est, en sortant du port, de voguer tout avant, c'est-à-dire avec toute la chiourme, pendant quatre horloges, — en d'autres termes, pendant deux heures consécutives. Après ce grand effort, si le temps reste beau et calme, on fera voguer à quartier, ayant soin de changer le quartier, — nous dirions aujourd'hui le quart, — d'heure en heure. Les quartiers font usage de la vogue à passer le banc. Quand on sort du port et que toute la chiourme est en action, c'est une vogue plus puissante, plus énergique qu'on emploie : on vogue alors à toucher le banc.

Les règlements du seizième et du dix-septième siècle reconnaissaient quatre manières différentes de voguer : la vogue à toucher le banc, la vogue à faire passer le banc, la passe-vogue et la vogue en dedans du banc. Dans aucune de ces vogues le rameur ne restait assis. Au signal du comite, il se lève, pose sur la pédague le pied auquel est attachée la chaîne, allonge les bras et le corps vers la poupe de la galère en poussant devant lui le genou de la rame. Toute la chiourme est debout, toute la chiourme a pris à la fois la même attitude : les rames, pendant ce temps presque insaisissable de repos, ont été alignées ; le forçat, pour plonger dans l'eau la pale, — c'est-à-dire la partie plate de l'aviron,

— élève en l'air le bout qu'il tient de ses deux mains, porte son second pied, le pied libre, sur le haut du banc antérieur, ou mieux encore sur la contre-pédague, s'il en existe une, car beaucoup de galères en sont dépourvues, — touche l'eau, puis se jette brusquement en arrière et retombe sur son banc, les bras toujours tendus, la tête renversée en même temps vers la proue. Le rameur fait ainsi décrire au genou de la rame une sorte de demi-cercle. La pale plongée dans l'eau pousse l'onde vers la poupe, et la galère fuit naturellement du côté opposé à la résistance que la rame dans cet effort rencontre. On voit d'ici quel peut être l'usage de la contre-pédague : se trouvant plus basse que le banc, elle offre au forçat un second marchepied, un marchepied d'un accès plus facile, et diminue par conséquent son labeur. Sur bon nombre de galères on ne met de contre-pédagues qu'à la moitié des bancs; on les supprime depuis le banc du milieu jusqu'au banc de la proue. Veut-on donner la chasse à un bâtiment ennemi, on enlève à l'instant toutes les contre-pédagues; la chiourme se trouve ainsi obligée de monter sur le banc, retombe de plus haut et fait nécessairement plus de force. Si, dans ce mouvement, le rameur abaisse le genou de la rame de façon à lui faire toucher le banc où il pose le pied, l'énergie du coup d'aviron en est encore notablement accrue. Cette vogue à toucher banc est assurément la plus belle; mais elle fatigue énormément la chiourme. On ne l'emploie guère que pour sortir du port ou pour y entrer.

La vogue le plus généralement usitée, quand on fait route, est la vogue à passer le banc. La chiourme monte alors sur le banc, sans s'astreindre à le faire toucher par le genou de la rame. En somme, c'est la meilleure des vogues, celle qui fait le mieux marcher la galère et qui peut se soutenir le plus longtemps.

APPENDICE. 233

La passe-vogue n'est que la vogue à passer le banc accélérée. Elle se distingue par le grand nombre de coups d'aviron obtenus dans un temps donné. C'est là une détestable vogue, une vogue qui ne sert qu'à mettre la chiourme hors d'haleine.

La vogue en dedans du banc est une vogue facile et peu fatigante; malheureusement c'est aussi une vogue sans énergie. Si l'on tient à ménager la chiourme, il est encore plus simple de voguer par quartier, c'est-à-dire d'employer successivement la moitié ou le tiers des rames. On peut ainsi voguer jusqu'à vingt heures sans trêve et sans interruption.

La galère peut aussi bien marcher en arrière qu'en avant; en d'autres termes, elle peut *scier* ou *voguer* à volonté. Un capitaine habile doit avoir appris à tirer parti de cette double faculté. La galère peut également scier d'un côté et voguer de l'autre; ce qui la fait incontinent pivoter sur son centre. Cette manœuvre a un nom : on l'appelle *faire sressecourre*.

Il y a deux manières de pratiquer la scie : vous pouvez faire passer le vogue-avant, l'apostis et le tiercerol — le troisième rameur — de chaque banc par-dessous la rame, le pied de la chaîne, — c'est-à-dire le pied enchaîné, — sur le banc, le pied sans chaîne sur la pédague, le visage tourné vers la proue : les vogue-avants, les apostis et les tiercerols de la bande droite se tiendront prêts à scier, la main gauche sous la rame, le bras droit par-dessus; ceux de la bande sénestre prendront la même posture; seulement ce sera le pied gauche qui posera sur la pédague, le pied droit sera sur le banc. En effet, dans la *scie*, il faut toujours que le pied porté sur le banc soit le pied de la chaîne. Même changement pour les mains : à la bande droite, les forçats ont le bras droit sur la rame; à la bande gauche, ils y appuient le bras gauche. Dans cette façon de donner la scie, les quarterols et les quinterols — en d'autres termes les quatrièmes et cinquièmes rameurs — restent assis sur leur banc sans bouger. Ils n'ont qu'à tirer la rame à eux, quand le vogue-avant *charge à bas* la poignée de la rame jusque près de la tête de son banc.

Tel est le procédé adopté pour passer de la vogue à la *scie,* quand on n'a en vue qu'une *scie* de peu de durée; mais si la *scie* doit se prolonger et se convertir pour ainsi dire en une vogue en arrière, il est plus simple de déplacer les bancs et de les faire tous courir de l'espace d'un banc vers la poupe. Cette opération peut s'exécuter avec une grande promptitude, quand la chiourme y a été exercée. Le vogue-avant monte sur la coursie, tenant toujours la poignée de la rame à la main; il abaisse cette poignée autant que possible, afin que la pelle ne trempe pas dans l'eau; l'apostis, pendant ce temps, saisit la tête du banc, le quinterol en prend l'autre extrémité, et tous deux font courir le banc jusqu'à son nouveau poste. Le tiercerol, de son côté, change la pédague, le quarterol dépose la contre-pédague dans le *ramier* — autrement dit entre le courroir et les aubarestières. On comprend que par ce déplacement des bancs et de la chiourme, il soit devenu aussi facile de pousser la galère, la poupe en avant, qu'il l'était de lui faire fendre la mer par la proue, quand les rameurs, au lieu de faire face à l'avant du navire, se tenaient tournés vers l'arrière.

Lorsqu'on veut faire tourner la galère sur place, il faut armer la scie d'un côté et la vogue de l'autre. Le mouvement des bancs ne s'opère alors, suivant le cas, qu'à la droite ou à la sénestre.

CHAPITRE X.

NAVIGATION A LA VOILE.

En sortant du port, le général a envoyé un cap de garde à la penne de la réale. Chaque galère a imité ce mouvement, — en d'autres termes, chaque galère *a fait la penne*. — Toutes les antennes de mestre se sont, en un instant, garnies de vigies. Il ne reste plus qu'à profiter de toute la longueur des antennes, en un mot qu'à les apiquer, pour que la vigie placée au bout de la penne fasse mieux la découverte — autrement dit, porte sa vue plus loin. En apiquant les antennes, la penne dominera de toute sa longueur le calcet — vous entendrez par là le haut du mât.

Chaque fois qu'on a besoin de recourir aux bras de la chiourme pour la manœuvre, la première chose à faire, c'est de fourneler les rames. Aussitôt que les poignées sont arrêtées par le fourneladou, la chiourme a les mains libres, et le comite peut faire appel à ses services pour dresser l'antenne de mestre le long du mât. Voici par quelle série d'ordres successifs le comite assure la prompte exécution de cette manœuvre :

« *Arme vettes et retour! Alerte à bien hisser! Vogue-avants du quartier dret d'à proue, arme le mouton! Vogue-avants du quartier sénestre, arme le bragot de l'orse à poupe et liez la sime de la carnalette à l'anneau du quart!* »

Le sous-lieutenant qui est à mezzanie, — au milieu de la coursie, — doit prendre soin de faire préparer la trinque, — l'aiguilletage, — des vettes pour arrisser, — amarrer, — le quart à l'arbre, aussitôt qu'il sera assimé, — c'est-à-dire apiqué.

L'assimage s'exécute par un seul commandement :

« *Hisse tout d'un temps! Assime le quart à l'arbre et arisse!* »

L'homme de penne n'a maintenant qu'à bien explorer l'horizon : le champ qu'embrassait son regard est presque doublé.

Aussi loin que la vue, du haut de cet observatoire, peut s'étendre, la mer est déserte, ou du moins aucun bâtiment suspect n'y est signalé : pourquoi tarderions-nous à mettre à la voile? Avant tout, fournelons les rames et rehissons à son poste, c'est-à-dire en tête de l'arbre, l'antenne de trinquet que, pour voguer, nous avions amenée à mi-mât. Quand on veut faire voile, c'est toujours par le trinquet qu'on commence : le trinquet d'ailleurs reste constamment envergué, la voile de mestre ne sort de la cale et n'est liée à la vergue qu'au moment même où l'on va s'en servir. Le comite fait ranger les proyers et les mariniers sur l'escotte de trinquet. L'escotte est le cordage qui tend une des extrémités inférieures de la voile : tendre ou border une voile, en terme de galère, c'est la casser.

Notre homme, avertissez!

Le comite fisque pour que chacun se tienne prêt à obéir au commandement.

Casse trinquet!

La voile de trinquet tombe, en se déployant, de l'antenne, et l'escotte sur-le-champ la maîtrise. Dès qu'elle est bien rangée, — nous dirions, à bord de nos vaisseaux, orientée,

— on s'occupe, sans perdre un instant, de faire voile de la mestre. Nous avons déjà dit que le temps était beau et le vent modéré : ce sera le maraboutin qu'on férira. Les mariniers montent la voile sur la couverte et la prolongent dans la coursie; le comite, après avoir attiré l'attention de l'équipage par un nouveau coup de sifflet, fait amener la mestre.

Vogue-avants et apostis debout! Férissez la voile!

Les vogue-avants et les apostis se lèvent, leurs mataffions à la main, et, tournés vers l'antenne de mestre, y lient le maraboutin. Maintenant :

Arma vettes! Retourliez le gourdin à la voile! Alerte à bien hisser tout le monde! Hisse tout d'un temps!

L'antenne de mestre monte lentement à son poste; les cargues, — autrement dit le gourdin et la gourdinière, — laissent peu à peu les plis de la voile se détendre; la toile se gonfle, et le maraboutin, avec sa puissante envergure, emporte comme un aigle sur son aile le bâtiment qui frémit en s'ouvrant un passage à travers les flots : la chiourme n'a plus qu'à se croiser les bras. Si l'heure est alors venue de faire manger la soupe, — en été, c'est généralement à neuf heures du matin que les galériens prennent ce premier repas, — vous commencez par faire distribuer le vin : la chiourme reçoit d'ordinaire le pain un jour d'avance. Ce sont de bonnes journées pour la chiourme que celles où le vent permet de faire route à la voile : il faut seulement que le vent n'ait pas trop de caprices, car chaque changement de vent exige une manœuvre, et, parmi ces manœuvres, nous savons qu'il en est de particulièrement laborieuses. Mieux vaudrait, dans ce cas, continuer de voguer à quartier.

La galère à la voile avait toutes les qualités des bâtiments à voiles latines; elle serrait facilement le vent à moins de cinq quarts; avec une brise légère, s'aidant de ses avirons, elle pouvait se rapprocher encore d'un quart du lit du vent, c'est-à-dire suivre une route qui formât, avec la direction d'où soufflait la brise, un angle constant de 45 degrés. Dans ce cas, par exemple, il ne fallait pas craindre de carguer le devant et de casser l'escotte. « Petit vent, voiles escasses », — c'est-à-dire avec petit vent, les voiles bien rangées, — en d'autres termes, orientées aussi près que possible dans le sens de la quille. Cependant si vous voulez aller à la voile au plus près sans voguer, il n'y a point avantage à tant casser les escottes et à tant carguer les devants. Lorsque les voiles sont trop cassées et trop carguées, surtout par un petit temps, au lieu d'avancer, on ne fait qu'aller en dérive. En toute chose, il faut de la mesure : pour bien orienter les voiles d'une galère, il convient de les carguer seulement à plein, c'est-à-dire de les présenter au vent, de façon que le vent les remplisse tout juste. S'aperçoit-on qu'elles *frinquent,* — un marin ponantais dirait : qu'elles ralinguent ou qu'elles fascient, — on peut alors carguer encore un peu les devants et casser à proportion les escottes. Savez-vous ce qui arriverait si vous cassiez vos escottes à poupe plus qu'il n'est nécessaire? Vos voiles finiraient par porter en arrière. On ne s'y prend pas autrement, quand on veut mettre la galère à la trinque. *Mettre à la trinque* signifie, dans les mers du Levant : mettre en panne. Au lieu de casser alors les escottes, on les mole ; mais en même temps on agit sur les carnaux. Le carnal est une contre-armure.

A peine le coup de sifflet du comite a-t-il répondu à ce commandement du capitaine : *Notre homme, avertissez qu'on va mettre à la trinque!* que les caps de garde se hâtent d'encrocher, — pour ne pas dire d'accrocher, ce qui serait parler ponantais, — à chacune des deux antennes son carnal. Vous pourrez désormais faire attirer autant qu'il vous plaira le bout inférieur de l'antenne du côté de la poupe; il vous suffira de commander : *Timonier, orse! Mole l'escotte! Hisse les carnaux! Mole devant mestre et trinquet!* En une minute, votre sillage est arrêté; vous êtes à la trinque.

Voulez-vous reprendre votre route, en d'autres termes vous remettre à camin? la manœuvre sera aussi prompte : *Timonier, pouge! Mole les carnaux! Cargué devant! Casse escotte mestre et trinquet tout d'un temps!*

Un bon capitaine de galère doit avoir les yeux constamment fixés sur sa voilure. Remarque-t-il que le vent peu à peu adonne? Il appelle le comite : « Notre homme, avertissez que le vent est meilleur que la voile. » Pas n'est besoin d'en dire davantage; le comite est homme à comprendre à demi-mot. Il a bientôt embouché son fisquet : *Mole d'avant!* commande-t-il, *et mole aussi l'escotte! Hale l'orse à poupe!* Quand on aura suffisamment molé, et que l'antenne, relâchée de sa tension, formera un angle un peu plus grand avec la quille, le comite criera aux matelots : *Forté!* ce qui revient à notre : Tiens bon! ou : Amarre!

Enfin le vent tournant, soit avec le soleil, soit avec la route, en est venu à souffler tout à fait de l'arrière : nous allons faire le quart du trinquet, pour mettre les voiles espaze et poignaux, — d'autres diraient : *en oreilles de lièvre.* — Le lieutenant fait sur-le-champ décrocher le carnal et s'assure que le matelot qui tient les gourdinières est à son poste, c'est-à-dire un peu en arrière de l'arbre, afin d'empêcher les gourdinières de s'embarrasser avec le quart du trinquet. Puis le comite commande : *Mudez le trinquet!* Je ne vous expliquerai pas — ce serait trop long et trop technique — comment, en pareil cas, on opère : qu'il vous suffise de savoir que la manœuvre, encore pratiquée de nos jours sur les grandes felouques espagnoles, demande une certaine habileté de main. Jamais on ne l'exécute sur les galères avec l'antenne de mestre, sans avoir préalablement dévergué la voile.

La brise solaire continue sa révolution habituelle; le vent a passé insensiblement de la sénestre à la drette; c'est à présent le quart de la mestre qu'il faut faire : les vogue-avants et les apostis du quartier sénestre d'à proue, halent le bragot de l'orse à poupe pour assimer le quart à l'arbre; la maistrance suit le quart de la mestre pour muder l'antenne, aussitôt qu'elle est assimée; le lieutenant et le sous-lieutenant font lier la sime de la carnalette de trinquet à l'anneau du quart de mestre, pour haler plus vite ce quart à proue quand on l'aura mudé.

La galère court maintenant grand largue sous ses nouvelles amures. Le vent tout à coup refuse; le capitaine s'empresse de crier au comite : *Notre homme, avertissez que le vent saute devant!* Le comite fisque et peu après commande : *Cargue d'avant! Casse et conille jusqu'à l'arbre!* C'est bien! la chose est faite; les voiles sont rangées comme il convient : le vent cependant continue de refuser; si l'on veut demeurer en route, il faudra de nouveau recourir aux escottes et aux cargues d'avant : *Cargue et casse en son lieu! Timoniers, prenez garde de ne pas prendre devant!*

C'est toujours une fâcheuse affaire, même à bord d'un vaisseau, que de laisser le vent prendre sur les voiles, — en d'autres termes, de faire chapelle; — à bord d'une galère, il peut résulter de cet accident les inconvénients les plus graves. La stabilité n'est pas le fort des bâtiments à rames. Quand on embarque des vivres pour deux mois, on peut très-bien passer une vingtaine de jours sans faire de lest; si l'on n'a pris de vivres que pour un mois et demi, il serait imprudent, surtout en hiver, de ne pas faire, pour remplacer le poids des provisions consommées, du lest tous les quinze jours. Ne négligez pas, quand la chose est possible, de choisir de bon lest, du lest à la fois petit et pesant. Les pierres les plus rondes seront les meilleures.

CHAPITRE XI.

ENTRÉE AU PORT.

Il était excessivement rare qu'une flotte de bâtiments à rames, ayant à pénétrer dans un port au goulet étroit, s'aventurât à venir prendre le mouillage à la voile. Généralement, quand on approche du port, une des premières mesures qu'on doit prendre, c'est de ranger les antennes dans le sens de la quille. « *Arme le mouton!* — c'est-à-dire le cordage ou l'itague qui sert à manier le quart, — *arme le bragot et la carnalette à proue! Alerte à dériser le quart!* — à démarrer faut-il ici entendre. — *Amène l'antenne en son lieu!* »

Dès que l'antenne est amenée, — en terme de galère est à bas, — le général prévient le comite réal qu'il faut voguer. « *Défournèle! Arme rem et vogue tout d'un temps!* » On vogue ainsi par quartier, ou avec toute la chiourme, jusqu'à ce qu'on arrive enfin devant le port : le moment est venu d'enfiler le chenal qui y conduit : « Notre homme, avertissez qu'il faut faire sressecourre! »

Scia drette et vogue sénestre! — suivant le cas, — ou *Scia sénestre et vogue drette!* Quand les prouès de toutes les galères se trouvent tournées du côté qui convient, la flotte demeure quelque temps *en jolly*, — c'est-à-dire rames levées, — car il faut laisser aux pilotes le temps de préparer les bannières, les flammes, les pavesades, les tendelets de soie; aux soldats et aux bombardiers le loisir de charger leurs armes.

Le général donne ses ordres au comite; le comite à son tour commande : « *Mole devant! Mole les carguettes et les orses à poupe! Cargue les ostes à bas! Férissez les flammes! Un homme d'haut pour mettre les bandières! Le tendelet rouge à poupe! Les pavesades à la bande, et dressez les rambades! La sainte-barbe en haut!* » Que nos pavois, en nos plus grands jours de fête, paraîtraient mesquins à côté de ceux de nos pères! Il faisait beau voir les galères le jour où elles revêtaient leur habit de cérémonie, avec leurs cinquante et un bancs émaillés de bonnets d'un rouge écarlate. La gaine des flammes et celle des bannières étaient de longs fourreaux dans lesquels on introduisait des hastes en bois de faux pour tenir l'étoffe de soie mieux tendue. La haste de la bannière de mestre avait $3^m,90$ de longueur et cinquante-quatre millimètres de diamètre; celle de l'arbre de trinquet était haute de $3^m,25$ et forte de trente-quatre millimètres. Les flammes s'arboraient aux pennes des antennes : les hastes dont on les garnissait étaient bien plus longues encore que celles des bannières. La flamme de mestre avait pour haste un bâton de bois de faux de $7^m,80$ de longueur; pour la flamme du trinquet, on employait une gaule de $4^m,55$. Outre les bannières et les flammes, on attachait à l'extrémité de chaque penne, au-dessus des flammes, un gaillardet, — ou petit étendard, — long de trois ou quatre mètres, et muni également d'une haste.

Tout est prêt : il ne s'agit plus que de rehisser les antennes chargées de leurs banderoles. Ce sera l'affaire d'un instant : « Notre homme, avertissez qu'il faut hisser! » — *Hisse! Cargue d'avant tout d'un temps mestre et trinquet!* et maintenant que les antennes sont de nouveau en place, maintenant que nous n'avons plus besoin du secours de la chiourme pour hisser jusqu'en tête du mât ces énormes vergues, renvoyons les forçats à leurs avirons : « *Arme rem!* »

Dès que les galères ont donné fonde et ont envoyé un cap à terre, le premier soin est de dresser la tente. On attend ordinairement le coucher du soleil pour rentrer les pavois; mais un général digne de la confiance du souverain prend soin de ses bandières, de ses flammes et de ses gaillardets; il n'expose pas sans raison ses tendelets aux injures du temps : toute cette bravade coûterait trop cher au roi, s'il fallait, au retour de chaque campagne, renouveler les riches étoffes brodées et frangées d'or qui ne doivent voir le jour que dans les circonstances solennelles.

La brise s'est élevée; le général appelle le comite réal : « *Notre homme*, lui dit-il, *le vent est frais; il faut mettre les flammes bas!* » Le comite ne se le fait pas dire deux fois; il fisque sur-le-champ et commande : « *Mole d'avant! Carque les ostes à bas!* » Les pennes de mestre et de trinquet se baissent; les caps de garde enlèvent aussitôt les flammes. Les pavesades disparaissent comme par enchantement.

UN DERNIER MOT AU LECTEUR.

J'aime généralement à comprendre ce que je lis. La plus admirable page qu'un marin ait écrite, n'est-ce pas ce récit de Cooper, nous montrant son pilote aux prises avec la tempête dans le passage du *Devil's grip?* Et cependant qui n'a lu ce morceau sans rival que dans les traductions d'une époque où la langue maritime était complétement inconnue de la plupart des écrivains, n'aura pu s'empêcher de s'avouer qu'il perdait pied à chaque instant. Il était ému, sans doute, mais ce cliquetis de mots étranges, assemblés pour ainsi dire au hasard, ne laissait dans son esprit qu'une impression confuse. Il admirait, il ne comprenait pas. S'il eût vraiment compris tous les détails de ces magistrales manœuvres, il se fût sur-le-champ rendu compte de l'attrait que peut inspirer une profession qui, en certaines circonstances, élève l'homme « jusqu'au trône des dieux », dirait Horace, au-dessus de la foule docile dont il tient la vie dans ses mains, me contenterai-je d'affirmer. Voilà pourquoi je me suis acharné à mettre la manœuvre de la galère à la portée des lecteurs qui recherchent encore les émotions des grandes scènes historiques. Je n'ai pas voulu qu'on s'intéressât aux épreuves des Doria, des Barberousse et des don Juan d'Autriche, sans savoir au juste en quoi ces épreuves consistaient.

Mettez aujourd'hui deux grandes puissances navales en

présence; il est inconstestable que de leurs luttes vont sortir de nouvelles batailles de Prévésa et de Lépante. Il faudra ranger en ligne, faire évoluer des centaines, peut-être même des milliers de bateaux : je défie bien le plus habile d'inventer pour ces chocs décisifs d'autres combinaisons que celles qui ont donné tour à tour la victoire aux musulmans et aux chrétiens. En rétrogradant jusqu'au seizième siècle, j'ai confirmé les enseignements que j'avais puisés dans l'étude des batailles de Salamine et d'Actium; j'ai fait œuvre moderne, œuvre applicable à notre temps, bien plus applicable que ne le serait la relation de ces combats à voiles, qui n'ont plus rien, hélas! à nous apprendre. Si quelqu'un a pleuré la marine à voiles, c'est bien moi à coup sûr. Seulement je rougirais de m'attarder à de stériles regrets. La marine à vapeur nous ramène à la marine à rames : c'est la marine à rames que j'essaye de ressusciter. Je reviendrai, si Dieu me prête vie, aux Ruyter, aux Suffren, aux Rodney : la marine à voiles, qui n'a plus pour nous d'enseignements techniques, a toujours ses drames qu'il importe de méditer. Seulement je cours au plus pressé; je demande des leçons à ceux qui peuvent m'en donner d'immédiates, et je me sens heureux de pouvoir dire à don Juan d'Autriche, à Veniero, à Colonna : « Parlez! je vous écoute, et, — ce que je n'eusse pu faire sans l'aride labeur qui ne m'a point rebuté, — je me sens, grâce à Dieu, de force à vous comprendre. »

Qu'on me place, en effet, à bord de la *quinquérème,* telle que l'a restituée l'érudition allemande, je serai très-probablement assez embarrassé pour la manœuvrer; embarquez-moi, au contraire, sur une des *quinquérames* du cardinal de Richelieu, vous verrez si Barras de La Penne lui même ne me juge pas digne de m'asseoir dans le fauteuil de M. le duc de Vivonne. La mémoire menacera-t-elle, en quelque endroit, de me faire défaut? Je n'aurai pour me remettre en selle qu'à relire l'Appendice où j'ai concentré toute la science dont je fais ici hommage au lecteur.

Mais construirons-nous jamais, me dira-t-on, des galères? Ne vous étonnez pas trop de ma réponse : si l'on prêtait quelque attention à mes idées sur le rôle qu'il convient d'attribuer de nos jours aux flottilles, la chose ne serait pas aussi invraisemblable qu'elle vous apparait peut-être à première vue. Nulle expédition de descente ne saurait se passer de bâtiments à rames, et la galère du seizième siècle est le meilleur navire à rames qui se puisse concevoir, en admettant toutefois qu'on la débarrasse de sa lourde artillerie et qu'on y confie l'aviron, non à des galériens, mais à des soldats. Je crains que Forfait, quand il étudia la question, n'ait beaucoup trop vite condamné un système tombé depuis plus d'un demi-siècle en désuétude, et qu'il ne connaissait qu'imparfaitement. Jeter cinq cents hommes à terre d'un seul coup, sur un bateau qui ne redoute pas les échouages, n'est point un avantage à dédaigner. Méditez un peu ce sujet, marins de l'avenir, et faites-nous connaître le plus tôt possible le résultat de vos réflexions, — à moins que vous ne préfériez attendre que la lumière nous vienne, comme elle semble en avoir pris l'habitude, encore une fois du Nord.

FIN.

TABLE DES MATIÈRES.

CHAPITRE PREMIER.
Les chiourmes enchaînées. 1

CHAPITRE II.
Recrutement des chiourmes au seizième et au dix-septième siècle. 19

CHAPITRE III.
La discipline et l'hygiène à bord de la galère. 37

CHAPITRE IV.
Galères et galéasses. — Naves et galions. 55

CHAPITRE V.
Une escadre de galères dispersée. 77

CHAPITRE VI.
La galère en cape. 91

CHAPITRE VII.
Entrée de la galère dans un port ami. — Exercices de la chiourme au mouillage. — Don Quichotte et Sancho Pança à bord de la galère du comte de Elda. 99

CHAPITRE VIII.
Les armes en couverte. 107

CHAPITRE IX.

Les galères de Malte. — Suppression en 1748 du corps des galères de France. 115

Conclusion. 129

APPENDICE.

PREMIÈRE PARTIE.
CONSTRUCTION DE LA GALÈRE.

CHAPITRE PREMIER.
Montage de la galère en bois tors. 137

CHAPITRE II.
Application du bordé extérieur. — Construction des rambades et de la poupe. 140

CHAPITRE III.
Construction du talar ou support de la palamante. 146

CHAPITRE IV.
Batayolles. — Filarets. — Courroir. — Rambades et bastion de proue. 150

CHAPITRE V.
Le tambouret et l'éperon. — Les gumes et les fers. . . . 155

CHAPITRE VI.
Les espalles et la poupe. 160

CHAPITRE VII.
Le timon et l'ourgeau. 165

TABLE DES MATIÈRES.

CHAPITRE VIII.
Intérieur et décoration de la poupe. 168

CHAPITRE IX.
Le fougon, le caïcq et le canot. 172

CHAPITRE X.
Les tentes de la galère. 175

CHAPITRE XI.
Cale de la galère. 178

CHAPITRE XII.
Les huit bancasses et les dix escoutilles de la galère. . . . 181

CHAPITRE XIII.
Le lest de la galère. 183

CHAPITRE XIV.
Les bancs, les pédagues et les contre-pédagues. 184

CHAPITRE XV.
Les rames de la galère. 189

CHAPITRE XVI.
Les bouches à feu de la galère et le taular de l'artillerie. . 194

DEUXIÈME PARTIE.
MANOEUVRE DE LA GALÈRE.

CHAPITRE PREMIER.
Les arbres ou mâts de la galère. 197

TABLE DES MATIÈRES.

CHAPITRE II.
Les antennes et les voiles de la galère. 202

CHAPITRE III.
Le gréement dormant de la galère. 205

CHAPITRE IV.
Le gréement courant de la galère. 207

CHAPITRE V.
Manœuvre des voiles et des antennes sous les différentes allures. 211

CHAPITRE VI.
Manière de mettre la galère à la bande, pour l'espalmer. . 219

CHAPITRE VII.
Manière d'appareiller. 221

CHAPITRE VIII.
Répartition de la chiourme. — Composition des équipages. 228

CHAPITRE IX.
Navigation à la rame. 231

CHAPITRE X.
Navigation à la voile. 235

CHAPITRE XI.
Entrée au port. 242
Un dernier mot au lecteur. 245

PARIS. TYPOGRAPHIE DE E. PLON, NOURRIT ET Cie, RUE GARANCIÈRE, 8.

www.ingramcontent.com/pod-product-compliance
Lightning Source LLC
Chambersburg PA
CBHW062233180426
43200CB00035B/1722